COLLECTION DE CARTULAIRES DAUPHINOIS

TOME NEUVIÈME — 1ʳᵉ LIVRAISON

CODEX DIPLOMATICUS

ORDINIS

SANCTI RUFI VALENTIÆ

PUBLIÉ

D'APRÈS LES CHARTES ORIGINALES

Conservées aux Archives Départementales de la Drôme

ET

DIVERS RECUEILS MANUSCRITS

PAR

LE CHANOINE ULYSSE CHEVALIER

Correspondant de l'Institut

VALENCE

IMPRIMERIE DE JULES CÉAS ET FILS

MDCCCXCI

CODEX DIPLOMATICUS

ORDINIS

SANCTI RUFI VALENTIÆ

PUBLIÉ

D'APRÈS LES CHARTES ORIGINALES

Conservées aux Archives Départementales de la Drôme

ET

DIVERS RECUEILS MANUSCRITS

PAR

LE CHANOINE ULYSSE CHEVALIER

Correspondant de l'Institut

VALENCE

IMPRIMERIE DE JULES CÉAS ET FILS

MDCCCXCI

Codex diplomaticus

ORDINIS SANCTI RUFI.

1er janvier 1039.

(FUNDATIO ABBATIÆ S. RUFI EXTRA MUROS AVENIONIS) [1].

IN nomine eterni summi et [2] Salvatoris nostri Jhesu Christi.
Omnibus catholicis utriusque ordinis, laicis sive clericis,
Benedictus, [3] Avenionensis sedis humilis episcopus [4], li-
quepateat cuncta videlicet pene omnia [5] loca prope civitatem
Avenionensem [6] olim jam dicata fuisse ad summum honorem,
et magnam sanctitatem habuisse ac religiosissime in servitio
Domini perstitisse [7], sita in honorem Sancti Justi ac glorio-
sissimi [8] confessoris Christi, quem patrem habitatoribus ipsius loci fuisse non dubitavimus ; ac postquam hujus provincie episcopi, non per donum spirituale [9], sed per terrenum
lucrum [10] in sede episcopali sublimati sunt, per superbam [11]
elationem et in tumorem [12] conversi, humilitatis et religionis
gratie [13], quam firmiter tenere debuerant [14], obliti sunt, ac
per hoc opes et predia dicte Dei ecclesie, unde pauperes et
clerici sustentari [15] debuerant, mundiales homines possident
injuste [16] : ideo tali occasione talia loca remanserunt [17] inha-
bitabilia. Sed cum jam longum tempus preteriisset et me
Deus Omnipotens, non meis meritis sed sua bonitate, in sede
pontificali sublimari voluisset, ex [18] nostra ecclesia clerici,
divino amore tacti pro oblitibus carnis, nostram adeuntes
presentiam, scilicet Kamaldus, Odilo, Pontius et Durandus,
humiliter flagitarunt [19] quatenus jam dicta loca sanctorum,
ut religiose illic viverent, concederemus [20] ; quorum petitionibus prebentes assensum, una cum concilio canonicorum

nostrorum eis concessimus, ut ab hodierna die et deinceps firmiter teneant et possideant, tam illi quam successores illorum, cum eis que illis modo collata sunt et in antea collatum erit. Ego vero Benedictus episcopus, tali desolatione congemiscens cupiensque ut Deus annuat ad pristinum reformare, dono supra dictis presbiteris jam dictam ecclesiam, que sita est in territorio Avenionensi, subtus burgo ipsius civitatis, cum decimis et oblationibus, cum primitiis [21], terris [22], pascuis, vineis cultis et incultis, nemoribus ; et dono illis de vinea culta, que modiata est super Sancto Rufo, omne quod in ea continetur, cujus fines de oriente sunt Pontius Bruanus, de occidente Arnaudus [23] Mantone et terre ipsius ecclesie. Etiam damus terras meridianas, etiam terram juxta ecclesiam triangularem, in capite, a circio, ab ortu et occasu duabus viis publicis, que continent in universo videlicet per omnem circuitum medium milliare. Etiam damus terras visuabiles, nuncupatas Cecilianas, parvas et magnas, que habent confines a tribus partibus vias publicas, a quarta parte terras veteres, que olim dicte ecclesie pertinebant, usque ad alveum [24] aque, que habent per longum et circuitum in universo quatuor mille suptuaginta passus : ex una fronte, scilicet orientis, mille quinque centum passus et iter magnum mejanum [25] ; de alia fronte, a solis occasu videlicet, mille septem centum passus et magnum iter Rognonac [26] et terra Sancti Stephani ; de alia fronte, a circio [27] videlicet, ducentum et septuaginta passus, cum parvo violo transversali ; de alia fronte, meridionali videlicet, sexcentum passus, via inter dictas terras et terras veteres. Juxta vero Sanctum Rufum petiam de terra arabili, consortes ex utraque parte terras ipsius ecclesie. Addimus quoque libera et prona voluntate et libero animo oblationis nostre donum, ut predicti presbiteri a presenti tempore in futurum, in campis, in vineis, in decimis et de omnibus quidquid et ipsi et [28] ecclesie pertinet, quantumcumque sit, cum suo lucro sive sine lucro acquisiverint, ut supra simili donatione concedimus ; unde habeant ab hodierna die et deinceps potestatem, tam illi quam successores illorum, jure perpetuo possidere sub omni integritate cum eo, ut predictum est, quod ipsi ecclesie concessum est. Si autem defuerint jam dicte persone, quod absit, que dictum locum venerentur et custodient [29], matri ecclesie et successoribus meis revertatur ; talique tenore concedimus, ut [30] annuatim in Pentecostem [31] per censum libram cere ad matrem ecclesiam persolvant. Sane si quis, ego vel ullus de successoribus meis vel quelibet alia persona opposita, que oblationis nostre donum infringere curaverint, hoc minime consequi valeant, sed nostram et maledictionem Dei incurrant in ipsos, et sint anathematici, et cum Juda proditore in infernum damnentur, et postea penitentia ductus sciat [52] se decem libris damnandum, et in antea donatio ista tempora per cuncta maneat inconcussa. Actum publice in Avenionensi civitate, sub die kalendarum januarii, anno Incarnationis Dominice millesimo tregesimo octavo, indictione septima. S(ignum) [33] domini Benedicti, qui donationem istam fieri et testibus firmari rogavit. Berengarius voluit et concessit, et libere similiter filii sui Rostagnus et Leodegarius [34] firmaverunt. Dominus Pontius decanus voluit et firmavit ; item, frater Reynaudus [35], frater Martinus, frater Valfredus [36], frater Farcaudus[37], frater Joannes, frater Constantinus Fizentalus [38], frater Rigaudus [39], frater Deobardus [40], frater Guillelmus, frater Silinus, frater Petrus, imperante domino Benedicto episcopo, qui scribi et recitari mihi notario et scribe dicti domni Benedicti ; et signo meo manuali signavi et de precepto dicti domini episcopi [41] bullavi. Sic attestor ego Martinus Anolonensis [42] notarius.

1. Arch. de la Drôme, fonds de St-Ruf, double copie du XVII° s. ; autres dans FONTANIEU, Preuv. de l'Hist. de Dauph., t. II, 1°° part. (Paris, B. N., l. 10950), p. 209 (n° xxv) ; OLLIVIER (Jules), Cartul. de St-Ruf (Bibl. de Grenoble, R. 6), f° 34. Cff. NOUGUIER (Franç.), Hist. chronol. de l'égl...d'Avignon (1660); COLUMBI, Opusc. var. (1668), p. 544; FANTONI CASTRUCCI (Seb.), Istor. del. città d'Avignone (1678), t. II, p.390-1 ; VALBONNAIS, Hist. de Dauph. (1722), t. II, p. 549 ; CATELLAN, Antiq. de l'égl. de Valence (1724), p. 295-7, « acte tiré des archives du collège de S. Ruf à Montpellier » ; FONTANIEU, Cartul. du Dauph., t. I (Paris, B. N., l. 10954), f° 73ᵇ ; EUSEBI, Repert., pp. 131 et 155.

2. Al. omis. — 3. F. gratia Dei.

4. Benoît I°°, évêque d'Avignon, ne figure dans le nouv. Gallia Christ. que pour cet acte, sa présence à Marseille le 15 octobre 1040 (JAFFÉ, Reg. pont. Rom., p. 360 ; ed. 2ª, t. I, p. 521) et un diplôme de l'empereur Conrad II (la 12° année de son empire, indiction 7), dont la date est circonscrite entre le 27 mars et le 31 décembre 1038 (STUMPF, Reichskanzler, t. II, p. 170-1).

5. Mss. cunctis v. p. omnibus. — 6. F. A. c. — 7. prestitisse ? — 8. J., g. ? — 9. Mss. speciale. — 10. O. locum. — 11. Al. s-biam. — 12. Al. tim-m. — 13. Al. g-a. — 14. F. debuissent. — 15. Al. s-re. — 16. F. i. p. — 17. Al. r-rant. — 18. Al. quatuor ex. — 19. F. interf-t h. — 20. Al. illis c. — 21. Al. premi-s. — 22. F. et t. — 23. F. Arnaldus. — 24. F. lacum. — 25. F. m-nanum. — 26. F. R-œ, O. Rogognac. — 27. Al. circcio. — 28. O. omet. — 29. Al. c-iunt. —

30. F. et. — 31. O. P-e. — 32. F. sciet. — 33. F. omet. — 34. Al. Leo-deyrarius. — 35. F. R-aldus, O. R-ardus. — 36. F. V-ridus. — 37. O. F-ardus, F. Paca-s. — 38. F. Figentanus. — 39. F. R-aldus, O. R-ardus. — 40. F. D-aldus. — 41. F. mei e. — 42. F. Aval-s ; Avenionensis.

II.

1066.

CARTA PASCUORUM ET BANNORUM DOMUS SANCTI FELICIS IN DOMINIO SUO VALENTINO [1].

NOVERINT presentes et futuri, quod anno Incarnationis Domini nostri Jhesu (Xpisti) millesimo sexagesimo VI, anno III episcopatus Gontardi gratia Dei episcopi Valentinensis [2], vertebatur discordia seu querela inter Umbertum, abbatem Sancti Felicis [3], et Lantelmum, priorem domus Sancti Felicis. Dicebat dictus Umbertus abbas quod pascua et banna erant sua, nomine abbatie sue, per totum dominium abbatie sue et per totum dominium domus Sancti Felicis. Sed prior hoc negabat et dicebat, quod domus Sancti Felicis habebat libera pascua et banna per totum dominium domus Sancti Felicis, ita quod poterat dare, vendere predicta pascua et levare banna, vel de ipsis pascuis et bannis suam facere omnimodam voluntatem ; item dicebat dictus prior, quod domus Sancti Felicis erat in possessione vendendi et dandi predicta pascua quibuscumque volebat ; item dicebat quod erat in possessione levandi et percipiendi banna supra dicta : predicto abbate omnia hec negante et dicente, quod predicta ad eum pocius pertinebant. Ego vero G(ontardus), gratia Dei supra dictus episcopus, cognitor et judex hujus cause, assignavi diem partibus ut probarent quod dicebant ; qua die L(antelmus) predictus prior probavit coram nobis legitime quod dicebat, et peciit dictus prior quod imponeremus ipsi Umberto abbati silentium super hoc quod petebat super dominium domus Sancti Felicis. Nos vero predictus Gontardus, gratia Dei predictus episcopus Valentinensis, de consilio kannonicorum meorum et ceterorum hominum, idonearum personarum, adjudico per sententiam predicta pascua et banna inperpetuum domui Sancti Felicis per totum dominium suum, et super hoc inpono silentium predicto Umberto abbati Sancti Felicis, nomine sue abbatie; et in perpetuam rei memoriam presentem cartam sigilli mei

munimine firmo, et predicta pascua et banna domui Sancti
Felicis inperpetuum confirmo. Signum Gontardi episcopi
Valentinensis. S(ignum) G(ontardi) decani Valentinensis [4].
S(ignum) Stephani Arnulfi. S(ignum) Poncij. S(ignum) Ai-
mini laici. S(ignum) Johannis.

1. Original parch. de 13 lig.; trace de sceau sur corde à double queue,
Vidimus de l'official de Valence du 16 juin 1264; copies modernes.
2. Cette charte (encore inédite) m'a permis naguère de fixer à l'année
1064 (ou 1063) le commencement de l'épiscopat de Gontard, évêque de
Valence (*Cartul. St Petri de Burgo*, 1872, p. 7, n. 2).
3. On a désigné à tort cet abbé de St-Félix sous le nom de *Berton*
(*Bull. de la soc. d'archéol. de la Drôme*, 1869, t. IV, p. 446) ; il n'y a
pas lieu de le distinguer de l'*Humbert* qui figure, vers 1067, dans le
Cartul. de St-Barnard de Romans (ch. 66, p. 121 ; 2ᵉ éd., nᵒ 144,
p. 166).
4. Le vidimus de 1264 porte *Guigonis* ; le nom de ce doyen de Valence n'est révélé que par le *Cartul. de St-Barnard* (ibid.).

III.   *26 septembre 1084.*

(CARTA BERNARDI, COMITIS BISULDUNENSIS, DE ECCLESIA
BEATÆ MARIÆ BISULDINI) [1].

A NNO ab Incarnatione Domini millesimo octuagesimo IIIJᵒ.
Ego Bernardus, gratia Dei comes Bisuldunensis [2],
sciens ob hoc me potentie secularis perfrui dignitate,
quatinus ecclesiam Xpisti totis debeam viribus augmentare,
propter remedium anime mee, consilio et assensu domni
Berengarii presulis Girundensis [3], necnon et aliorum nobi-
lium virorum, clericorum scilicet atque laicorum, dono Deo
et ecclesie S(ancti) Ruphi, que sita est super fluvium Rodani, et domno Arberto, ejusdem loci abbati, atque clero ibidem Domino servienti, ecclesiam Beate Marie Virginis intra
muros Bisulduni fundatam, cum omnibus que ad eandem
quocumque modo pertinent ecclesiam. Quam donationem
perpetuo volo semper jure consistere, tali videlicet firmitate
ut nec a me nec a filio meo, neb ab alia aliqua persona possit dirrumpi ; set quandiu canonice vixerit domnus Arbertus,
abbas Sancti Ruphi, successoresque ejus et ejusdem cleriei
loci, teneant, habeant, possideant, ordinent et disponant,
secundum regulam sanctissimi patris Augustini, prefatam
ecclesiam Beate Dei Genitricis Marie, cum omnibus que
sub ejus haberi noscuntur dicione, quacumque pontificum

ac principum et aliorum virorum collatione, absque mei et omnium hominum inquietatione. Quod si ego vel aliqua utriusque sexus persona contra hanc scripturam donationis venerit ad irrumpendum, omni genere excommunicationis percuciatur in perpetuum. Acta est hec scriptura donationis VI kal(endas) octobris, anno xx°v° regni Philippi regis [4]. S(ignum) Bernardi comitis Bisuldunensis, qui hanc scripturam fieri jussi, firmavi et testes firmare rogavi. S' Guillelmi vicecomitis. S' Petri vicecomitis. S' Arnaldi Johannis. S' Guillelmi Otonis. S' Raimundi Odegarii.

Gaufredus, canonicus et levita, scripsit in castro novo sub dio et anno quo supra.

1 Original parch. de 11 lignes 1/2 ; au dos : *Bisuldun.* Nombreux e cédillés. Copies mss. dans OLLIVIER (Jules), *Cart. de St-Ruf*, f° 36 ; le même, *Arch. hist. du Dauph.*, t. XV (Bibl. de Grenoble, U. 317), f° 47 (tab. eccl. S^ti Ruffi). Texte impr. (incomplet) dans : PETIT, *Theodori Pœnitent.* (1677), t. II. p. 626 (ex Chartulario ecclesiæ S. Ruffi) ; MARCA (Petr. de), *Marca Hispanica* (1688), c. 1175. Cf. EUSEBI, *Repert.*, p. 93.

2. Bernard II, comte de Bésalu, 1052-95 (*Art de vérif. les dates*).
3. Bérenger Wilfred, évêque de Girone, 1050-93 (GAMS).
4. Le règne de Philippe Ier est pris ici au 29 août 1060.

IV.　　　　　　　　　　*22 juin 1092.*

(PLACITUM INTER ABBATES DE INSULA BARBARA ET S^i RUPHI DE ECCLESIA SANCTÆ MARIÆ IN SUBURBIO LUGDUNI) [1].

NOTUM sit omnibus Lugdunensis ecclesie filiis, tam futuris quam presentibus, me Hugonem Lugdunensem archiepiscopum Clementi abbati et monachis de Insula Barbara [2], et Arberto abbati Sancti Ruphi suisque canonicis, de ecclesia Sancte Marie, que constructa est in suburbio Lugdunensis civitatis, supra ripam Araris ab oriente, et de ceteris ad eam pertinentibus, videlicet de ecclesia Sancti Andree, cum capella que est in castro Corziaci, et de ecclesia Sancti Marcelli, cum integris parochiis suis, et de ecclesia Sancte Marie de Buxa, cum integra parochia sua, videlicet cum capella de Giriaco et cum capella de Monte Loello, apud Lugdunum placitum dedisse ; in quo placito, causis ex utraque parte diligenter examinatis, fratres nostri episcopi, videlicet Landricus Matisconensis et Valterius Cabilonensis, Hugo

Gracianopolitanus et Jarento Divionensis abbas, in presentia nostri et Gibilini Arelatensis archiepiscopi [3], et utriusque abbatis, videlibet Arberti Sancti Ruphi et Clementis de Barbara Insula inter quos calumpnia agebatur, et canonicorum nostrorum, scilicet Arberti archidiaconi, Bladini decani [4], Girini capellani nostri, Berardi Orselli, Stephani de Portu, et multorum aliorum canonicorum in claustro residentium, judicaverunt atque diffinierunt quod omnes supradictas ecclesias, Arbertus Sancti Ruphi atque canonici, propter donationem et investituram, quam beate memorie Gibuinus Lugdunensis archiepiscopus| ecclesie Sancti Ruphi, cum consilio et auctoritate mea fecerat, qui tunc temporis eram Diensis episcopus et in his partibus apostolice sedis legatus, omni sopita querimonia, tenerent atque jure perpetuo possiderent. Nos vero donationem domni Gibuini prefati archiepiscopi et judicium tantorum virorum prosequentes, supradictas ecclesias, salva nostre ecclesie reverentia atque oboedientia, Arberto Sancti Ruphi suisque successoribus atque canonicis concedimus atque laudamus, et litteris presentibus confirmamus ; ecclesiam vero Sancti Juliani, fundatam in territorio quod dicitur Condoisieu, ad prenominatam ecclesiam Beate Marie dono domni Gibuini venerabilis archiepiscopi eodem modo pertinentem, ecclesie Sancti Ruphi concedimus atque laudamus.

Hec carta facta est Lugduni, decimo calendas julii, anno ab Incarnatione Domini millesimo nonagesimo II°.

Hujus autem carte testes et laudatores sunt hii : Bladinus decanus, Arbertus archidiaconus, Almannus camararius, Girinus capellanus, Berardus Orsellus, Aino, Bono, Godo, canonicus et archipresbiter.

1. Arch. du Rhône, fonds de la Platière, original parch. ; Arch. de la Drôme, copie du XVII° s., signée : Bocquet de Chanteresse. Texte impr. par moi, d'après cette copie, dans la *Revue du Lyonnais* (1867), 3° sér., t. III, p. 504-8 (cf. t. IV, p. 152) = *Docum. inéd. relat. à l'égl. de Lyon*, 1867, gr. in-8°, p. 9-14 ; et par M.-C. GUIGUE, d'après l'original, dans son *Cartul. Lyonnais*, 1885, in-4°, t. I, p. 23-4.

2. Le nouv. *Gallia Christ.* se borne à enregistrer Clément parmi les abbés de l'Ile-Barbe (t. IV, c. 226), sans lui assigner aucune date.

3. Ces prélats sont tous connus : Hugues, évêque de Die, puis archevêque de Lyon ; Landry, de Mâcon ; Gautier, de Châlon-sur-Saône; Hugues, de Grenoble ; Jarenton, abbé de St-Bénigne de Dijon ; Gibelin, archev. d'Arles.

4. Le doyen Bladin II (1084-7) figure dans l'Obituaire de la cathédrale de Lyon au 23 sept. (GUIGUE, *Obit. Lugdun. eccl.*, 1867, p. 119) et non au 3 des ides d'oct. (FISQUET, *France pontif.*, Lyon, p. 693).

V.   *(1092-99).*

(URBANI II PAPÆ CONFIRMATIO ORDINIS SANCTI RUFI) [1].

URBANUS episcopus, servus servorum Dei, dilectis filiis A(rberto) abbati Sancti Rufi ejusque fratribus canonicam vitam professis, salutem et apostolicam benedictionem. Pie voluntatis affectus prosequente debet studio confoveri, ut ecclesiastica utilitas apostolice Sedis favore vires accipiat et accrescat. Omnipotenti Domino, cujus « melior est misericordia super vitas [2] », gratias agimus quia vos estis qui sanctorum patrum vitam probabilem renovatis et apostolice instituta doctrine, primordiis Ecclesie sancte inolita [3], sed crescente Ecclesia jam pene deleta, instinctu Sancti Spiritus suscitatis. Due enim ab Ecclesie sancte primordiis vite ejus sunt filiis institute : una qua infirmorum debilitas retinetur, altera qua fortiorum virtus beata perficitur ; una remanens in Segor [4] parvula, altera ad montis altiora conscendens ; una lacrimis et helemosinis cotidiana peccata redimens, altera cotidiana instantia merita eterna conquirens ; altera(m) tenentes inferiorem bonis terrenis utuntur, alteram sequentes superiorem bona terrena despiciunt ac relinquunt. Hec autem, que a terrenis divino fervore divertitur, in duas unius pene ejusdemque propositi dividitur portiones, canonicorum scilicet atque monachorum : harum secunda per divinam misericordiam frequentata satis jam seculo universo elucet, prima vero decalescente fervore fidelium jam pene omnino defluxit ; hanc martyr et pontifex Urbanus instituit, hanc Augustinus suis regulis ordinavit, hanc Jheronimus suis epistolis informavit. Non minoris itaque estimandum est meriti vitam hanc Ecclesie primitivam, aspirante ac prosequente divino Spiritu, suscitare quam florentem monachorum religionem ejusdem Spiritus perseverantia custodire. Vestrum ergo propositum nostri auctoritate officii confirmamus et firmos vos in eo persistere adhortamur, et tanquam Domino exhortante per nos [5] obsecramus. Quamobrem omnibus in vestro cenobio vitam canonicam, secundum hujus tenorem ordinis, profitentibus et in ea, adjuvante Domino, permanentibus nos, licet indigni apostolorum vicarii, eorum ac nostram benedictionem peccatorumque absolutionem, potestate nobis [6] a Domino indulta, concedimus. Constituentes ne cuiquam omnino liceat hunc vestri statum ordinis commutare, cujus tantus in tot terrarum partibus fructus exuberat, ut plures ecclesie vestri saporis dulcedine condiantur. Statuimus etiam ne professionis canonice quispiam, postquam Dei vice super caput sibi hominem imposuerit, alicujus levitatis instinctu vel districtioris religionis obtentu, ex eodem claustro audeat sine abbatis totiusque congregationis permissione discedere, discedentem vero ut nullus abbatum vel episcoporum et nullus [7] monachorum sine communium licterarum cautione suscipiat interdicimus. Vos ergo, filii in Xpisto karissimi, dilectioni(s) nostre studiis semper prestantioribus respondentes, strenue quod Deo promisistis implere satagite, « luceat lux vestra coram hominibus, ut videant opera vestra bona et glorificent Patrem vestrum qui in celis est [8] », cujus Patris hec ut firma permaneant et Filii et Sancti Spiritus virtute sanctimus [9].

1. Vidimus de Franç. du Puy, official de Valence, du 10 sept. 1487, f° 1. Copies mss. dans : D. Estiennot, Fragm. hist. Aquit., t. II (Paris, B. N., l. 12764), f° 171, avec le mot Valete à la fin et cette note : « Lemovicis, ut opinor, datum c. a. mxcvi » (ou 1095) ; Peiresc, ms. LXXV (à Carpentras), t. II ; Fontanieu, Preuv. de l'Hist. du Dauph., t. II, 1re part., p. 217 (n° xxvi), en 1092 ; Eusebi, Repert., p. 290-1: Fragm. dans Ivo Carnot., Decret., pars vi, c. 411 (Patrol. latina, t. CLXI, c. 533) ; Gratianus, Decret., 2ª pars, causa xix, qu. iii, c. iii (forte an. 1096 in Gallia). Cff. Catellan, ouvr. cité, p. 297-301 (en 1092); Fontanieu, Cart. du Dauph., t. I, f° 88b (1092); Eusebi, Repert., p. 70; Jaffé, Reg. pont. Rom., 2ª ed., t. I, p. 698 (n° 5763).
2. Psalm. lxii, 4. — 3. Al. molita. — 4. Genes. xix, 22-3. — 5. Al. vos. — 6. Al. illis. — 7. Al. etiam. — 8. Matth. v, 16. — 9. Al. sanximus.

VI. *19 septembre 1095.*

(Urbani II) confirmatio ecclesiarum Sⁱ R(uf)i [1].

URBANUS EPISCOPUS, SERVUS SERVORUM DEI, DILECTIS IN XPISTO FILIIS ARBERTO ABBATI EJUSQUE FRATRIBUS IN ECCLESIA SANCTI RUFI CANONICAM VITAM PROFESSIS, ET EORUM SUCCESSORIBUS IN EADEM RELIGIONE PERMANSURIS, IN PERPETUUM. Desiderium quod ad religiosum propositum et animarum salutem pertinere monstratur, auctore Deo, sine aliqua est dilatione complendum. Quia igitur, filii in Xpisto karissimi, per omnipotentis Dei gratiam aspirati, primam nascentis Ecclesie conversationem, multis

jam temporibus destitutam, renovare proposuistis, ut secundum sanctorum patrum instituta corde uno et una anima
sub jugo regule omnipotenti Domino serviatis, nos religioni
vestre paterno congratulamur affectu ; et ut semel inchoata
religio, auctore Deo, semper inviolabilis perseveret, tam
vos quam vestra omnia sedis apostolice gremio confoventes,
presentis privilegii auctoritate munimus. Statuimus enim ut
nemini inter vos, professione exhibita, proprium quid habere
nec sine tua, fili karissime ARBERTE abbas, et eorum qui
post te in eodem regimine successerint aut sine communi
congregationis licentia, de claustro ¡discedere liberum sit.
Quod si discesserit et commonitus redire contempserit, tibi
tuisque successoribus facultas sit ejusmodi ubilibet a suis
officiis interdicere ; interdictum vero nullus episcoporum
abbatumve suscipiat. Preterea per presentis decreti paginam apostolica vobis auctoritate firmamus, ecclesiam Sancte
MARIE infra urbem Ludg(unensem), ecclesiam Sancti PETRI
secus Diam, ecclesiam Sancti JACOBI de Melgorio, ecclesiam de Buxa, ecclesiam de Turre, ecclesiam de Caveirag,
ecclesiam de Vences, ecclesiam de Armazanzas cum capella,
ecclesias de Beterrita ; et omnia que episcopi Avennionen-
ses Benedictus, Rostagnus et Gibilinus vestre ecclesie con-
tulerunt. Ad hec etiam adicimus, ut quecumque hodie vestrum cenobium juste possidet, sive in futurum concessione
pontificum, liberalitate principum vel oblatione fidelium
juste atque canonice poterit adipisci, vobis vestrisque successoribus qui in eadem religione permanserint integra semper illibataque permaneant. Decernimus ergo ut nulli omnino hominum liceat idem cenobium temere perturbare aut
ejus possessiones auferre, vel ablatas retinere, minuere vel
temerariis vexationibus fatigare, sed omnia integra conserventur eorum, pro quorum sustentatione ac gubernatione
concessa sunt, usibus omnimodis profutura : salva in omnibus Avennionensis episcopi canonica reverentia. Si qua sane
in crastinum ecclesiastica secularisve persona hujus decreti
paginam sciens contra eam temere venire temptaverit, secundo terciove commonita si non satisfactione congrua
emendaverit, potestatis honorisque sui dignitate careat,
reamque se divino judicio existere de perpetrata iniquitate
cognoscat, atque a sacratissimo Corpore et Sanguine Dei
ac Domini Redemptoris nostri Jhesu Xpisti aliena fiat, et in
extremo examine districte ultioni subjaceat. Cunctis autem

eidem loco justa servantibus, sit pax Domini nostri Jhesu Xpisti, quatinus et hic fructum bone actionis percipiant et apud districtum judicem premia eterne pacis inveniant. Amen.   Amen.   Amen.

Datum Tricastri, per manum Johannis sancte R(omane) ecclesie diac(oni) cardinalis, indictione iiiᵃ, xiii kal(endas) octobris, anno Dominice Incarnationis M°XC°VJ°, pontificatus vero domni Urbani secundi pape viij°.

1. Original parch. de 22 lignes, d'une belle écriture ; la devise du pape († *Benedictus ds et pater dni nri ihv xpi-:*) et le *Datum* sont de deux mains différentes ; la roue et le monogramme *(Benevalete)* ont 7 cent. de haut; bulle en plomb sur lacs de soie rouge et jaune. Copies mss. dans: Peiresc, ms. LXXV, t. II ; Ollivier (J.), *Carl. de St-Ruf*, f° 38 : *Arch. hist. du Dauph.*, t. XV, f° 73 (arch. eccl. S.Rufi). Texte impr. dans : *Gallia Christ.* vet. (1656), t. IV, p. 802 ; Petit, *Theodori Pœnitent.*, t. II, p. 614-5 (ex Chartulario ecclesiæ S. Ruffi); *Patrol. latina* (Migne), t. CLI, c. 427-8 (n° 153). Cf. Fantoni Castrucci, ouvr. cité, t. II, p. 391 ; Eusedi. *Repert.*, pp. 61, 77, 237 ; Jaffé, *Reg. pont. Rom.*, n° 4176 (ed. 2ᵃ, n° 5579).

VII.   *26 mai 1106.*

CARTA RAYMUNDI NEMAUSENSIS EPISCOPI, QUÆ ECCLESIÆ SANCTI RUFFI CONCEDIT ECCLESIAM SANCTI GENESII DE MANDOLIO [1].

QUONIAM, disponente Deo, pastorali prediti officio, ecclesiarum ejus sollicitudinem gerimus, levius ferendum tantum onus nobis inpositum credimus si, partito per alios onere, curam et ordinationem earumdem religiosis personis impartimur. Quapropter ego Raimundus, miseratione divina Nemausensis episcopus [2], manifestum esse volo omnibus nostre ecclesie filiis, tam presentibus quam futuris, quod ecclesiam Sancti Genesii de Mandolio et ejusdem prephate ecclesie suffraganeam, videlicet ecclesiam Beate Marie de Irignano, religioso viro Leberto, ecclesie Sancti Ruphi abbati, suisque successoribus in perpetuum habendas et regendas concedo, consentientibus et laudantibus canonicis nostris : Gaucelino decano et Fredolone archidiacono, atque Petro sacristano et Willelmo camerario ; ut, remota omni calumnia, tam prelibatus abbas quam successores ejus prefateque ecclesie canonici prescriptas ecclesias, cum omnibus sibi jure pertinentibus, perpetuo regant et possideant et quidquid voluerint, salva in omnibus reverentia et obedientia Nemausensis ecclesie, sine cujusquam refragatione, ibi faciant et disponant; hac videlicet ratione, ut annuatim abbas aut clerici Sancti Ruffi duos solidos singulis synodis pro majori ecclesia et quatuor nummos pro minori Nemausensi ecclesie et ejusdem sedis episcopo, pro censu et sinodo et earumdem ecclesiarum quarto, persolvant; et insuper domino episcopo R(aimundo) receptionem cum quatuor sociis, ita ut ipse sit quintus, semel in anno, si recipere voluerit, et successoribus ejus faciant. Et ut hec nostra concessio firma in eternum permaneat, hanc nostre ordinationis et concessionis cartam laudamus ac firmamus, atque laude et testimonio nostrorum clericorum eam roborari et precipimus et rogamus.

Acta est hec carta cum litteris suprascriptis, in undecima (*lire* xxi) luna, vii kal(endas) junii, anno millesimo centesimo VI ab Incarnatione Domini. † Signum Raymundi episcopi, qui hanc cartam firmavit et testibus subscriptis firmari voluit. † Signum Gaucelini Nemausensis decani. † Signum Petri sacriste. † Signum Guillelmi camerarii. † Signum Geraldi canonici Nemausensis d'Esparrone.

1. Copie dans OLLIVIER (J.), *Cartul. de St-Ruf* (Bibl. de Grenoble, R. 6), f° 42.

2. Raymond I Guillaume, sacré évêque de Nimes en 1098, mort en 1112 (VIC-VAISSETE, *Hist. de Languedoc*, 1872, t. IV, p. 277).

VIII. *(Avant 1110).*

(CARTA ISMIDONIS EPISCOPI DIENSIS, DE ECCLESIIS DE TAULINIACO) [1].

CUM omnibus ecclesiis nobis commissis ex injuncto officio providere debeamus, illi(s) tamen precipue debitores sumus, in quibus canonicus ordo observatur et soli Deo clerici militare cupiunt, communiter viventes secundum sanctorum patrum institucionem. Quam ob rem ego Ismido, gratia Dei Diensis episcopus [2], dono ecclesie Sancti Ruphi et Letberto abbati, et clericis sibi commissis et successoribus suis ecclesias de Thauliniaco, cum omnibus ad eas pertinentibus, ut ordinent eas sicut eis visum fuerit, ad hono-

rem Dei, et Geraldum capellanum : salva reverentia et obedientia nostra et ecclesie nostre. Et constituo ut reddatur
michi census per singulos annos VII. solidi et I. modius annone, in castro Mirabel. Si quis autem successorum nostrorum huic donationi et confirmationi nostre obviare presumpserit, « fiant dies ejus pauci et episcopatum ejus alter accipiat[3] », et iram Dei omnipotentis incurrat. Si quis quoque
clericorum, manacorum (sic), laicorum hoc ipsum calump-
niari presumpserit, veniat super illum omnis maledictio et
sit anathema maranatha, nisi resipuerit et predictis canonicis satisfecerit.

1. Copie du XII⁰ s. (voir n⁰ IX). Autres dans : Baluze (Paris, B. N.),
t. LXXV (arm. III, paq. 2, n⁰ 1), fⁿ 293 (ex arch. S. Ruffi Valent.) ;
Ollivier (J.) Cart. de St-Ruf, fⁿ 47 ᵇ. Texte impr. dans Petit, Theodori Pœnitent., t. II, p. 632 (ex Chartulario ecclesiæ S. Ruffi). Cf.
Eusebi, Repert., p. 86.
2. Ismidon, chanoine de St-Etienne de Lyon, devint évêque de Die
vers 1098 et mourut le 30 sept. 1115 (Guigue, Obit. Lugdun. eccl.,
p. 125). — 3. Psalm. cviii, 8.

IX. 25 mai 1110.

(Carta Leodegarii episcopi Vivariensis,
de ecclesia Sancti Andeoli in loco Burgias)[1].

In nomine Domini nostri Jhesu X(pist)i, Leodegarius Vivariensis episcopus[2] et totus ejusdem ecclesie cleri conventus. Si utilitatibus ecclesiarum a Deo nobis commis-
sarum insistimus, officii nostri modum procul dubio exequi-
mur : ad episcopale enim officium pertinet sana docere, he-
retica reprobare, destructa construere, errata corrigere,
secularia sectantes ad spiritualia reducere, voluntates pro-
prias sequentes divine voluntati atque prelatorum obedientie
subdere, immo auctoritate pontificali compellere ; talia enim
facientibus a Domino dictum legimus : « quia super pauca
fuisti[3] fidelis, supra multa vos constituam[4] ». Igitur ego
Leodegarius, Vivariensis ecclesie indignus episcopus, cum
consilio clericorum nostrorum ecclesiam Sancti Andeoli, in
loco qui Burgias dicitur, ubi sacratissimum corpus ejusdem
martiris requiescere videtur, temporalibus bonis quondam
locupletatam, nunc autem multimodis attritam, committi-
mus atque donamus sub cura et providentia Letberti, abba-

tis Sancti Ruphi, et successorum ejus ibidem canonice subs-
tituendorum, ut canonici in ea ordinis norma amodo serve-
tur et ecclesiastice religionis cultus in perpetuum stabilia-
tur : hoc est ecclesiam supradictam, cum omnibus ad com-
muniam ejusdem ecclesie pertinentibus. Res autem que ad
episcopatus nostri sive prepositure proprietatem pertinent,
in integrum retinemus ; et illi omni anno sextarium olei oli-
varum in Cena Domini ecclesie nostre persolvant. Prior ta-
nem [5] ibi non mutetur, nisi cum consilio Vivariensis episcopi
et canonicorum ejusdem : et hoc fiat secundum regulam
beati Augustini. Si qua vero inter Vivarienses et Sancti
Ruphi canonicos orta fuerit de supradicte ecclesie negociis
controversia, ipsius episcopi et comunis capituli canonica
determinetur sententia. Hujus itaque doni sollempniter facti
testes advocati sunt : Geraldus de Grana, Petrus de Cam-
bau, Pontius Dalmacii, Petrus Ademari, Armannus de Rach,
Stefanus Quintini, Dalmatius Rufus, Vidianus, Dalmatius
de Sancto Montano, Bertrandus presbiter, Petrus Lanberti,
Ugo de Burgo, Poncius de Vercausco, Guillelmus Rufus,
Petrus Stephani, Petrus Raimundi. Horum ceterorumque
canonicorum communi consensu et favore in plenaria sinodo
Vivariensi recitata et corroborata est hec donationis pagina
auctoritate pontificali, anno Dominice Incarnationis millesimo centesimo X, octavo kal(endas) junii, indictione iii[a].

1. Copie du XII[e] s., bande de parchemin epistographe, renfermant
les n[os] IX, XI, X, VIII et XVII; au dos : *Sancti Andeoli et ecclesiarum in Diensi episcopatu positarum.* Autres dans : Baluze, t. LXXV,
f° 292 (ex arch. S. Ruffi Valent.) ; Ollivier (J.), *Cart. de St-Ruf,*
f° 46. Texte impr. dans Petit, *Theodori Pœnitent.*, t. II, p. 629-30
(ex eodem Chartulario). Cf. Eusebi, *Repert.*, p. 85.
2. Léger paraît comme évêque de Viviers de 1096 à 1119.
3. Corrigé : *fuistis.* — 4. Matth. xxv, 21. — 5. Var. *tantum.*

X.   (1110).

(Mandatum Ricardi Albanensis episcopi Leodegario
Vivariensi episcopo) [1].

R(ICARDUS) Albanensis episcopus, apostolice Sedis licet
indignus servus et legatus [2], venerabili fratri L(eode-
gario) Vivariensi episcopo, salutem. Institutionem et
concessionem, quam fecistis ecclesie Sancti Ruffi et domno

L(etberto) loci ejusdem abbati, de ecclesia Sancti Andeoli,
tam ei quam successoribus suis in perpetuum tradita ; ad
quam etiam laudandam, ut in perpetuum intemerata perma-
neret [3], scripto nostro firmandam nos inclinari fecistis, et si
quis eam temerare vel perturbare presumpserit, eum ubique
locorum a liminibus ecclesie alienum existere, sancire nos
coegistis ; audivimus a quibusdam ecclesie vestre clericis
contra decretum nostrum contaminari et perturbari. Mandamus itaque vobis et apostolica auctoritate precipimus, ut
ipsam institutionem et concessionem, quam vos fecistis et
nos laudare et confirmare petivistis, ita ut facta et confirmata est inconvulsam teneri faciatis ; et qui eam temerare
vel perturbare presumpserit, anathematis vinculo, quod ibi
posuimus, subjiciatis. Val(ete) [4].

1. Copie du XIIe s. (voir n° IX). Autres dans : BALUZE, t. LXXV,
f° 293 (ex arch. S. Rufi Valent.) ; OLLIVIER (J.), *Cartul. de St-Ruf,* f° 47.
Texte impr. dans : PETIT, *Theodori Pœnitent.,* t. II, p. 506 (ex eodem
Chartulario) ; BRIAL, *Rec. d. hist. de France* (1808), t. XV, p. 47 (d'après
Petit). Cf. EUSEBI. *Repert.,* p. 86.
2. Richard, évêque d'Albano (1102-14) et légat du St-Siège, célébra
cette année (1110) deux conciles en France : l'un, peu après la Pente-
côte (29 mai) à Toulouse (VIC-VAISSETE, *Hist. de Languedoc,* t. II,
p. 356 ; 3e éd., t. III, p. 592) ; l'autre, le 1er octobre, à Fleury ou St-
Benoit-sur-Loire (BRIAL, *Rec. d. hist. de France,* t. XIV, p. 157).
3. O. *remaneret.* — 4. P. omet.

XI.   *18 octobre 1110.*

(EPISTOLA PASCHALIS II AD EUMDEM) [1].

P(ASCHALIS), servus servorum Dei, venerabili fratri L(eo-
degario) Vivariensi episcopo, salutem et apostolicam
benedictionem. Non est episcopalis constantie justa
vota frangere et constitutiones rectas in nihilum revocare.
Ecclesiam Beati Andeoli fratribus Sancti Ruffi pro eleemo-
syna et religione concesseras et clericorum tuorum consensu
firmaveras, sicut a fratribus ipsis accepimus et litterarum
tuarum lectione cognovimus ; nunc autem clericis tuis con-
niventiam parare conspiceris, cum per eos predictis fratribus ecclesiam ipsam permittis auferri. Nos quidem concessionem tuam factam canonice firmamus [2], te autem vehemen-
ter arguimus, quia te in hoc prevaricatorem ostendisti. Tue
igitur experientie per hec scripta precipimus, ut [3] constitutio-

nem tuam integram ratamque custodias : si vero clerici tui
ut voti justi transgressores pertinaciter contraire presump-
serint, tu eos magistri jure corrigere et austeritate congrua
studeas emendare : alioquin super vos apostolice Sedis justitia dirigetur. Datum Laterani, xv kalendas novembris.

1. Copie du XII⁰ s. (voir n⁰ IX). Autres dans : BALUZE, t. LXXV,
f⁰ 292ᵇ (ex arch. S. Ruffi Valen.) ; OLLIVIER (J.), *Cart. de St-Ruf*, f⁰ 46 ᵇ.
Texte impr. dans : PETIT, *Theodori Pœnitent.*, t. II, p. 505-6 (ex Chartulario ecclesiæ S. Ruffi) ; BRIAL, *Rec. d. hist. de France*, t. XV, p. 47
(d'après Petit) ; *Patrol. latina*, t. CLXIII, c. 280 (n⁰ 306). Cf. EUSEBI,
Repert., p. 85 ; JAFFÉ, *Reg. pont. Rom.*, n⁰ 4653 (ed. 2ᵃ , n⁰ 6278).
2. O. *confirmamus*. — 3. P. omet.

XII.   *23 novembre 1111.*

(DONUM ECCLESIÆ BEATÆ MARIÆ) DE BISALDUNO [1].

IN Dei eterni regis nomine. Ego Raimundus Berengarii,
Dei gratia marchio Barchionensium [2], princeps Ausonensium, comes vero Gerundensium atque Bisullunensium [3],
venerabilibus ecclesie Sancti Rufi Ollegario [4] abati et canonicis, in perpetuum. Ambiguitate care t omnes [5] terrene domi-
nationis [6] potestates [7] ad hoc a Deo esse constitutas [8], ut
justicias et justificationes ej[us exquir]endo, non solum iniquo-
rum perversitati resistere, verum etiam religionis cultum pro-
pagare [9] studeant. Unde predictus ego comes pontificalem et
canonicalem Gerundensis sedis assecutus favorem, reddo et
dono prephate ecclesie S(ancti) Rufi et ejusdem abati atque
canonicis ecclesiam Sancte Marie intra muros Bisullunensis[10]
castri constitutam, cum omnibus que in presenti videtur habere, vel quocumque modo habere debet, vel in futurum ad-
quisierit collatione quorumcumque fidelium ; ut hec omnia
habeant et possideant ad Dei servicium, et ipsam ecclesiam
in perpetuum regant et disponant secundum canonicam regulam, et tales ibi constituant personas clericorum qui sine
proprio ibi Deo militent et serviant. Factum est hoc nono
k(alendas) decembris, anno Dominice Incarnationis millesimo C⁰X⁰I⁰. S(ignum) Raimundi comitis. S' Moltis comitisse.

1. Original parch. de 8 lig. t/4. Copie dans OLLIVIER (J.). *Cart. de St-*
Ruf, f⁰ 37. Texte impr. dans : PETIT, *Theodori Pœnitent.*, t. II, p. 627
(extrait de l'orig. en parch. exhibé.... par.... m⁰ Humbert de Valer-
nod, abbé...de St-Ruf...,ce 20 avr. 1573 [= 1673]) ; MARCA (Petr. de),

Marca Hispanica (1688), c. 1235-6 (n⁰ 344), ex arch. S. Rufi Valentiæ. Cf. Eusebi, *Repert.*, p. 93-4. — 2. Al. *Barchino-m.*

3. Al. *Bisuldu-m.* Raymond-Bérenger III, devenu comte de la Manche d'Espagne en 1093, prenait en 1125 la qualification de « universe Barchinonensis regionis et monarchie Provincie comes » *(Rev. des sociétés savantes*, 4ᵉ sér., t. III, p. 405) ; il se fit templier le 14 juil. 1131 et mourut à la fin de ce mois.

4. Al. *Olde-o.* — 5. Al. *nos.* — 6. Ms. *d-nes.* — 7. Al. *p-te, p-em.* — 8. Ms. *c-tos.* — 9. Ms. *pro parte.* — 10. Al. *Bisuldu-z.*

XIII. 5 *janvier 1113.*

(Carta Raymundi episcopi Gerundensis electi) [1].

IN nomine sancte et individue Trinitatis. Ego Raimundus, divino nutu in Gerundensem episcopum electus [2], et universus Gerundensium canonicorum conventus, cum consensu et voluntate domni Raimundi, Dei gracia Barchinonensium marchionis, Ausonensium principis, Girundensium et Bisuldunensium comitis, per hanc scripturam donationis donamus Deo et ecclesie S(ancti) Ruphi ecclesiam S(ancte) Marie Virginis de Bisulduno, cum omni honore et dignitate sua, et cum universis ad se pertinentibus, tam in presenti quam in futuro, atque in manum domni Oldegarii prefate ecclesie S(ancti) Ruphi abbatis, et cuncte congregationis sibi commisse ac successorum eorum, votive et potentialiter tradimus ; ut ab ipsis jam dicta ecclesia S(ancte) Marie, cum omnibus ad se pertinentibus, tam in ecclesiis quam in ceteris possessionibus quas hodie habet et quas habere debet et in futurum adquisitura est, possideatur, regatur et ordinetur inperpetuum in servicio Dei, secundum regulam s(ancti) Augustini : salva reverentia sancte Gerundensis sedis. Si autem in crastinum quelibet persona ecclesiastica vel secularis contra hanc donationem quoquo modo venire presumpserit, nichil penitus proficiat, set firma donatione pro sola presumptione iram Dei omnipotentis se noverit graviter incursurum atque vinculis anathematis innodandum. Actum est hoc anno Dominice Incarnationis C⁰X⁰II⁰ post millesimum, nonis januarii. Raimundus, Dei gratia in pontificem s(ancte) Gerundensis ecclesie electus, confirmo, salva obedientia nostre ecclesie. S' Berengarii capiscole. S' Johannis. S' Berengarii Lucianensis. S' Berengarii archidiaconi. S' Gaufredi. S' Bernardi prioris. S' Petri sacriste, S' Petri presbiteri.

2

1. Original parch. de 11 lig. Copie dans OLLIVIER (J.), *Cart. de St-Ruf*, f° 36 ᵇ. Texte impr. dans : PETIT, *Theodori Pœnitent.*, t. II, p. 628-9 (ex Chartulario S. Ruffi) ; MARCA, *Marca Hispan.*, c. 1236 (n° 345), ex arch. S. Rufi Valentie. Cf. EUSEBI, *Repert.*, p. 94.

2. Cet évêque de Girone figure en 1112 et 1114 dans l'*España sagrada* de FLOREZ (GAMS).

XIV.   10 janvier 1114.

(PASCHALIS II PAPÆ PRIVILEGIUM PRO MONASTERIO SANCTI RUPHI AVENIONENSIS) [1].

PASCHALIS episcopus, servus servorum Dei, dilecto filio Odolgerio abbati canonice Sancti Ruffi, que in episcopatu Avennico sita est, ejusque successoribus regulariter substituendis, in perpetuum. Religiosis desideriis dignum est facilem prebere consensum, ut fidelis devotio celerem sortiatur effectum. Proinde nos, devotionis tue precibus annuentes, Beati Ruffi ecclesiam, cui Deo auctore presides, cum omnibus ad ipsam pertinentibus sub tutelam apostolice sedis excipimus. Per presentis igitur privilegii paginam apostolica auctoritate statuimus, ut quecumque bona, quecumque possessiones ad idem Beati Ruffi monasterium legitimis fidelium donationibus vel aliis justis modis pertinere videntur [2], et quecumque in futurum concessione pontificum, liberalitate principum vel oblatione fidelium juste atque canonice poterit adipisci, firma tibi tuisque successoribus et illibata permaneant ; in quibus hec propriis duximus nominibus annotanda : ecclesias de Tauliniaco, cum omnibus pertinentiis suis, ecclesias de Albananco, de Medullione, de Serreriis, cum pertinentiis earum ; decimam de Berra, sicut a bone memorie Gibelino Arelatensi archiepiscopo vobis concessa est ; ecclesias Sancte Marie de Turre, Sancti Victoris, Sancte Eulalie, Sancti Laurentii de Barbaras ; ecclesias de Mandolio in Bisilduno ; ecclesiam Sancte Marie, cum dignitatibus et possessionibus suis, et cum ecclesiis sibi subditis : salvo censu Lateranensis palatii ; ecclesias Sancti Petri et Sancte Marie Egarensis, Sancti Juliani de Terracia, cum possessionibus subditis et ecclesiis per eas constitutis, quas vobis Barchinonensis episcopus Raimundus concessit, cum patrimonio quondam tuo et ceteris possessionibus que tibi et clericis tecum viventibus collate sunt, dum Beati Adriani ecclesie preeras : excepta dominicatura Barchinonensis episcopi. Confirmamus etiam vobis possessionem quam Raimundus nobilis memorie comes vobis in Tripolitana regione concessit, cum ecclesia Sancti Ruffi, quam in eadem possessione construxit. Decernimus ergo, ut nulli omnino hominum liceat prefatum monasterium temere perturbare, aut ejus possessiones aufferre vel ablatas retinere, minuere vel temerariis vexationibus fatigare ; sed omnia integra conserventur eorum, pro quorum sustentatione et gubernatione concessa sunt, usibus omnimodis profutura. Laicos sane seu clericos seculariter viventes ad conversionem suscipere et ad divina officia, nisi forte excommunicati sint, admittere nullius episcopi vel preposити contradictio vos inhibeat. Ad hec adicimus, ut nulli episcoporum facultas sit, sine Romani pontificis vel legati ejus audientia, vos vel loca vestra interdictioni vel excommunicationi subicere, aut judicio pregravare. Sepulturam vero locorum vestrorum omnino liberam esse decernimus, ut eorum qui illic sepeliri deliberaverint devotioni et extreme voluntati, nisi forte excommunicati sint, nullus obsistat. Cetera quoque omnia, que vobis a predecessore nostro felicis memorie papa Urbano concessa et privilegio confirmata sunt, nos etiam concedimus et firmamus. Si qua igitur in futurum ecclesiastica quelibet secularisve persona hanc nostre constitutionis paginam *(p. 10, l. 36)*.... Amen.

Ego Paschalis, catholice ecclesie epispopus.[2]

Datum Laterani, per manum Johannis, Sancte Romane ecclesie diaconi cardinalis ac bibliothecarii, iiij idus januarii, indictione vij*, Incarnationis Dominice anno M°C°XV°, pontificatus quoque domini Paschalis secundi pape anno xv°.

---

1. Vidimus de l'official d'Avignon (1420) et de celui de Valence (1487), f° 4ª (n° xvii). Copies dans : PEIRESC, ms. LXXV, t. II ; EUSEBI, *Repert.*, p. 305-6 ; OLLIVIER (J.), *Cart. de St-Ruf*, f° 44 (extraict de l'original estant en parchemin avec un sceau de plomb) : *Arch. hist. du Dauph.*, t. XV, f° 126 (Tab. eccl. Sancti Ruffi). Texte impr. dans : *Gallia Christ.* vet., t. IV, p. 802ᵇ -3ª ; FANTONI CASTRUCCI, ouvr. cité, t. II, p. 392 (incomplet) ; *Patrol. latina*, t. CLXIII, c. 336-7 ; *Gallia Christ.* nova (1865), t. XVI, instr. c 102-3 (ex arch. Valent.) Cff. EUSEBI, *Repert.*, pp. 62 et 72 ; JAFFÉ, *Reg. pont. Rom.*, n° 4721 (ed. 2ª, n° 6369).

2. Ms. *videretur.*

XV.   *28 avril 1123.*

BULLA CALIXTI SECUNDI IN FAVOREM ORDINIS
SANCTI RUFFI [1].

CALIXTUS episcopus, servus servorum Dei, dilectis filiis Pontio abbati et ceteris fratribus in ecclesia Sancti Ruffi regularem vitam professis, in perpetuum. Ad hoc sumus in apostolice sedis specula, disponente Domino, constituti, ut Dei servos, ecclesiasticos precipue atque religiosos viros, tueri et religionem augere per ipsius gratiam debeamus. Quam ob rem, carissimi in Christo filii, vestris per priorem vestrum Guillelmum petitionibus clementius inclinati, sanctam Beati Ruffi ecclesiam, in qua sub canonici ordinis observantia omnipotenti Domino militatis, cum omnibus ad eam pertinentibus, in apostolice sedis tutelam et protectionem suscipimus, et vos ipsius autoritate in Dei servitio stabilimus. Per presentis itaque privilegii paginam constituimus ut vite canonice ordo, qui per bone recordationis Pontium abbatem in vestra ecclesia institutus est et a nostris [2] predecessoribus confirmatus, perpetuis ibi temporibus habeatur ; vobis itaque vestrisque successoribus ecclesias, que justis acquisitionibus loco vestro pertinent, confirmamus : videlicet ecclesiam Sancti Martini infra Viennensem urbem, juxta aquam que Jayria dicitur sitam, et molendina que sunt juxta eamdem ecclesiam ; in eadem parte ripe ac [3] bastitare, vineam que dicitur Violaria, cum aliis vineis juxta ipsam positis, guardiam vinearum totam, necnon et decimas omnes quas Adalardus dictus Grammaticus vel alius per manum ipsius Adalardi habuit vel tenuit in Monte Salomonis et in Monte Arnaldo et in Segnes, et ubicumque decime ipse sunt ad eamdem ecclesiam pertinentes ; et furnum qui est in Cuveria ; ecclesiam quoque Sancti Nicetii, cum villa que dicitur Lerens, cum omnibus pertinentiis suis ; et ecclesiam Sancti Albani martyris, in loco qui dicitur Cesirin [4], cum appendentiis suis ; sicut nos olim, dum Viennensi ecclesie preessemus, ipsam Beati Martini ecclesiam per nos in canonico ordine constitutam, cum istis duabus ecclesiis et aliis nominationibus, possessionibus atque omnibus ei pertinentibus bonis, ecclesie Sancti Ruffi, consilio canonicorum nostrorum, concessimus : salva obedientia,

reverentia et subjectione matris ecclesie Viennensis, et
salvo censu quem canonici Viennensis ecclesie initi consilii
una nobiscum constituerunt, pro qua nimirum concessione
fratres vestri [5], qui in supradicta Beati Martini ecclesia
fuerint, in obitu uniuscujusque canonici Viennensis ecclesie triginta dierum officium et in archiepiscopi obitu anni
totius obsequium, pro animarum illorum salute in charitate
divina persolvant ; pro me autem, cui « adherere Domino
bonum est » [6], et cui de ordinando atque reedificando supra-
dicto loco cura et sollicitudo fuit, non annualis tantum, sed
perennis in missarum solemni(i)s et in aliis divinis officiis
ab ejusdem loci fratribus apud Deum memoria fiat, et pro
absolutione anime mee unus pauper in domo eadem omni
tempore habeatur, et in matutinali atque vesperali officio
semper psalmus cum oratione dicatur, quemadmodum continetur in scripto illo quod nos, Viennensi ecclesie adhuc
presidentes, Beati Ruffi ecclesie fecimus et in ipsa Viennensi ecclesia, presentibus suffraganeis nostris episcopis
Hugone Gratianopolitano, Leodegario Vivariensi, b(eato)
Ismidone [7] Diensi, Eustachio Valentinensi, Conone Mau-
rianensi [8] et Guidone Gebennensi, et presentibus Viennensis ecclesie canonicis, in plena synodo confirmavimus ; ecclesias Sancte Marie et Sancti Joannis ac Sancti Rustici de
Annoniaco, cum 'possessionibus infra ipsam villam et extra,
sicut a Gurgite Feminarum et a Villa Valleta infra decursus
fluviorum Deume et Cancie concluduntur, et cum scolis pue-
rorum, cancellaria, banno ex [9] forisfactura, cimiterio et cum
omnibus aliis rebus et possessionibus earumdem ecclesiarum ; ecclesiam Sancti Andree de Costa, cum suffraganeis
suis ; ecclesiam Sancti Martini de Perau, cum capella sua ;
ecclesiam Sancte Marie de Lugduno, cum suffraganeis suis;
ecclesiam Sancte Marie de Buxa, cum suffraganeis suis ;
ecclesiam Sancti Petri de Dia, ecclesiam Sancte Marie de
Claellis, ecclesiam de Chalancone, ecclesiam de Volvenco,
ecclesiam de Arnajone, ecclesias de Tauliniano, ecclesiam
Sancte Marie de Albaniaco ; ecclesiam Sancti Genesii, cum
suffraganeis suis ; ecclesiam Sancte Marie de Fleyca, ecclesias Sancte Marie et Sancti Simphoriani de Betorreto, ecclesiam Sancti Laurentii de Barbaras, ecclesiam Sancti
Joannis de Castro Novo ; ecclesiam Sancti Erigii de Medullione, cum suffraganeis suis ; ecclesiam Sancti Jacobi de
Sarrariis, cum suffraganeis suis ; ecclesiam Sancte Marie

de Turre, cum suffraganeis suis ; ecclesias Sancti Petri de Ventiis et Sancte Cecilie et Sancti Verudimi ; ecclesiam Sancti Genesii de Mandolio, cum capella sua ; ecclesias Sancti Saturnini et Sancte Crucis de Armazanicis ; quartam partem decimarum Sancti Silvestri de Telliano, quartam partem decimarum de Berra ; ecclesiam Sancti Nazarii; ecclesiam Sancti Martini de Cavaralho, cum capellis suis ; ecclesiam Sancti Jacobi de Mergorio ; ecclesiam Sancte Marie de Bezuduno, cum suffraganeis suis ; ecclesias Sancte Marie ac Sancti Petri et Sancti Joannis de Teraciis ; ecclesiam Sancti Vincentii de Cardona, cum suffraganeis suis ; ecclesiam Sancti Petri de Canafaya, cum suffraganeis suis ; ecclesiam Sancti Jacobi de Tripoli, cum suffraganea ; ecclesia(m) de Artucia ; molendinum juxta ipsam ecclesiam Sancti Ruffi, necnon et molendina apud Surgenterem et apud Castrum Novum. Quecumque preterea ecclesia eadem, vel episcoporum Avenionensium Benedicti, Rostagni et Arberti concessione vel aliorum fidelium largitione legitima, in presenti possidet sive in futurum, largiente Domino, juste atque canonice poterit adipisci, firma vobis vestrisque successoribus in eadem religione persistentibus conserventur. Decernimus ergo ut nulli..... Si qua ergo.... Cunctis autem... inveniant.

Ego Calixtus, (catholice) ecclesie episcopus.

Datum Laterani, per manum Aymerici, sancte Romane ecclesie diaconi cardinalis et cancellarii, quarto kalendas maii, indictione prima, Incarnationis Dominice (anno) millesimo centesimo vicesimo tertio, pontificatus autem domini Calixti secundi pape anno quinto.

1. Copie dans OLLIVIER (J.), *Cart. de St-Ruf*, f⁰ 50 (extr. de l'orig. étant en parch. avec le sceau de plomb pendant) : *Arch. hist. du Dauph.*, t. XV, f⁰ 142 (ex archiv. eccl. S¹ Ruffi). Cff. CATELLAN, ouvr. cité, p. 309 ; EUSEBI, *Repert.*, p. 62 ; JAFFÉ, *Reg. pont. Rom.*, ed. 2ᵃ, n⁰⁰ 7069 et 7101.

2. Mss. *vestris*. — 3. Effacé en mss. — 4. Al. *Eeseren.* — 5. Mss. *nostri.* — 6. *Psalm.* LXXII, 28. — 7. Mss. *Bi-e.* — 8. Al. *Mor-i.* — 9. Al. *et.*

XVI.   *1125.*

(PETRUS ARCHIEPISCOPUS VIENNENSIS
CONFIRMAT DONATIONEM PRÆDECESSORIS SUI GUIDONIS) [1].

QUONIAM nostri officii est et bene semper agere et bene-
facta laudare, ego Petrus, Dei gratia Viennensium
archiepiscopus et apostolice sedis legatus, consensu
et voluntate omnium canonicorum meorum, laudo et confirmo atque jure perpetuo habendum decerno ecclesie Sancti
Rufi, et carissimo fratri nostro Poncio abbati et successoribus ejus, donum quod fecit prefate ecclesie Sancti Rufi
predecessor meus Guido, venerabilis Viennensis archiepiscopus, de ecclesia Sancti Martini Viennensis, cum omnibus
appendiciis suis, molendinis, batitoribus, vineis, cum gardia
tota vinearum et decimis quas ibi habet ipsa ecclesia et
quas Amblardus habet pro ea, juxta terram Hugonis Gale
et Villelmi de Pernans [2] : qui tamen habet ad feudum ab
archiepiscopo; et furno quod est in Cuveria [3], cum aliis omnibus ad eamdem ecclesiam pertinentibus; et similiter de
ecclesia Sancti Nicetii [4], cum appendiciis suis, et villa que
dicitur Tenciis, cum appendiciis suis : preter illa parte
quam predecessor meus sibi retinuit ; donum etiam de ecclesia Sancti Albani de Cisysino [5] et de ecclesia Sancti Romani
de Vermaella, cum appendiciis utriusque, similiter confirmo.
Hec, inquam, omnia sicut supradictum est, consensu et
voluntate omnium canonicorum meorum, laudamus et confirmamus prenominate ecclesie Sancti Rufi : salva obedientia et reverentia sacrosancte matris ecclesie Viennensis et
salvo censu quem pro his omnibus de predicta ecclesia Sancti
Marcelli [6] reddi statuimus, XL. scilicet solidos in festivitate
Omnium Sanctorum et alios XL. in capite jejunii ; de obitu
autem canonicorum nostrorum ac archiepiscoporum, sicut
ab antecessore meo constitutum est, fieri rogamus atque
precipimus, id est ut tricesimus canonicis et annuale obsequium archiepiscopis persolvatur. Actum est hoc anno ab
Incarnatione Domini M.C.XXV ; prefate vero donationis
actores fuerunt et testes : domnus Petrus archiepiscopus et
Willelmus decanus, et cantores Umbertus et Folco, Girbertus et Amedeus archidiaconi, Girbertus tesaurarius, Amedeus, Amblardus, Guigo de Alba Ripa, Guigo de Turre,
Guigo de Siureii, Silvius de Farnay [7], Milo, Gago, Adema-

rus, Guillelmus de Turre, Galterius de Balben, Ugo, Guillelmus de Chasnario, Prichardus, Ulbertus de Ornaceu,
Nantelmus de Revel, Petrus Villelmi, Umbertus filius comitis, Amedeus, Borno, Rostagnus de Reventi [8], Rostagnus
de Moras, Petrus, Poncius Aremberti. Hoc etiam volumus
ut anniversarium semper [9] agatur tam pro archiepiscopo
quam pro canonicis.

1. Copies dans : ms. de Secousse, 904 (cab. Giraud), f° 24ᵇ ; ms. de
Harlay, 397 (Paris, B. N., l. 11743), f° 146ᵇ ; Rivaz, *Diplom. de Bour-
gogne*, t. II, n° 153 (extr. du Cartul de la cathédr. de Vienne, f° 70ᵇ).
Texte impr. dans Petit, *Theodori Pœnitent.*, t.II, p. 630-1 (ex Chartulario ecclesiæ Viennensis). Cff. Chorier, *Esta.' polit.*, t. II, p. 335 ;
Charvet, *Hist. de la s. égl. de Vienne* (1761), p. 334-5 (traduction, ex
Tab. eccl. Vienn., f° 70) ; *Ann. ord. Cartus.* (1888), t. I. p. 234-5 ;
Chevalier, *Cartul. de St-Maur. de Vienne*, p. 40 (n° 171).
2. H. *Prenant.* — 3. H. *Cuvoria.* — 4. H. *Mauricii.* — 5. H. *Ci-
rysino.* — 6. S. *Mauritii.* — 7. H. *Jarnay.* — 8. H. *Reveusti.* —
9. H. *sæpius.*

XVII.   *24 avril 1127.*

(Stephani episcopi Diensis confirmatio doni
prædecessorum) [1].

QUONIAM « generatio preterit et generatio » per successus
temporis advenit, terra vero in perpetuum manet [2], decrevimus dignum commendare memorie dona sanctorum
pontificum domni Ugonis et sancti Ismidonis, que consilio
et auxilio Diensis ecclesie dederunt ecclesie Sancti Ruphi
et canonicis inibi degentibus, scilicet ecclesiam de Caloncone, cum omni jure ad se pertinente, videlicet cum capellania
de Volvento, aecclesias vero de Tauliniaco, cum appendiciis
ad se pertinentibus, et ecclesiam Sancte Marie de Arnajone,
cum omni suo beneficio et honore, specialiter prefate ecclesie concesserunt, ut canonici ibi degerent et Deo militarent.
Tantorum igitur patrum dona, domnus Stephanus Diensis
ecclesie antistites *(sic)*, rogatu canonicorum ejusdem ecclesie, magnifice et sollempniter in pleno capitulo, nullo dissen-
tiente, dando confirmavit et corroboravit, in manu domni
Severi abbatis Sancti Ruphi : salvo episcopali jure et censu.
Census vero prefati episcopi in ecclesia de Caloncone, semo-
dius frumenti et v. solidi ; in ecclesiis autem de Tauliniaco,

modius frumenti et VII. solidi; in ecclesia de Arnajone, IIII^{cr} annone et IIII. avene sextarii et due libre cere. Acta hec carta est in ecclesia Beati Petri Die foris murum, anno ab Incarnatione Domini millesimo centesimo XXVII, indictione V, mense aprilis, VIII kal(endas) maii, feria I, luna X, anno VI. episcopatus domni Stephani.

S(ignum) predicti episcopi, qui hanc cartam fieri jussit et manu propria firmavit †. Sig†num Petri prepositi. Sig†num Poncii de Torana. Sig†num Guilelmi d'Aix. Sig†num Ugonis d'Avinione. Sig†num Fredelonis. Sig†num Lantelmi. Sig†num Jarentonis. Sig†num Ugonis. Sig†num Arnaldi Johannis. Sig†num Petri de Maiseires. Sig†num Petri Arnaldi. Sig†num Petri Berengarii. Sig†num Fronconis. Sig†num Bermundi Raimundi. Sig†num Guilelmi de Maiencac. Sig†num Armani. Sig†num Poncii Margarita. Sig†num Guigonis. Sig†num Bertranni. Sig†num Giraldi.

1. Copie du XIIe s. (voir n° IX). Autres dans : BALUZE, t. LXXV, f° 293; OLLIVIER (J.), *Cart. de St-Ruf,* f° 48: *Arch. hist. du Dauph.,* t. XV, f° 145 (ex litteris original. eccl. Diensis). Texte impr. dans PETIT, *Theodori Pœnitent.,* t. II, p. 632-4 (ex Chartulario ecclesiæ S. Ruffi). Cff. COLUMBI, *Opusc. var.,* p. 280; EUSEBI, *Repert,* p. 86.

2. *Eccle.* I, 4.

XVIII. — 1129.

(PONTII EPISCOPI BELLICENSIS DONATIO ECCLESIÆ)
DE ORDINATIO [1].

PONTIUS, Dei gratia Belicensis ecclesie servus [2], et ejusdem ecclesie cetus venerabili in Xpisto fratri Wilelmo, eadem gratia Sancti Ruphi abbati, et ejusdem ecclesie canonicis ac successoribus ejus, in perpetuum. Benedictus Deus, qui religionem vestram in rigore proposito perdurantem, ceteris canonici ordinis domibus quamvis longe remotis imitabilem fecit. Unde factum est ut honorabilis frater noster Aimo, prior Ordinatensis ecclesie, que in episcopatu nostro sita est, sepius a nobis multa supplicatione petierit, quatinus ad religionem quam ibidem, Deo auctore, incoaverat provehendam et tenore durabili conservandam, obedientie vestre eadem domus subdi nostra concessione deberet. Qui religiosum desiderium tandem benignitate debita confirmantes, venerabilem fratrem nostrum Petrum priorem de Buxa vocavimus eumque predicti loci priorem statuentes, ipsum locum cum universis appendiciis suis vobis et ecclesie vestre jure perpetuo possidendum, et juxta morem claustri vestri, quantum possibilitas loci permiserit, in canonico ordine disponendum concessimus. Retinuimus autem, ut quicumque prior ejusdem loci extiterit, Belicensi episcopo canonicam obedientiam, salva dumtaxat abbatis sui obedientia, spondeat et presentiam suam sinodis ejus, excepta necessitatis causa, exibeat et decem libras cere, ad paschalem cereum faciendum, in Cena Domini vel ante annuatim persolvat, et ad capitulum vocatus causa consulendi veniat, et si tanta necessitas fuerit unum aut duos consilii viros de aliis Sancti Rufi obedientiis secum adducere studeat. Non solum autem prefati loci priorem, set generaliter universos Sancti Rufi fratres in canonicalem societatem suscepimus, ut videlicet singulos ubi ad nos venerint tanquam canonicos habeamus, eisque spiritualiter et temporaliter in ecclesiasticis beneficiis vivis ac mortuis juxta consuetudinem Ecclesie fideliter comunicemus. Nostris quoque apud vos universaliter condignam juxta predicta vicissitudinem exsibendam determinavimus: quod quandocumque apud Ordinatum canonicus noster ad conversionem venire infirmus ac sanus, pauper aut dives voluerit, gratanter suscipi debere nominatim expressimus. Subnotari quoque precepimus ecclesias ad predictum locum pertinentes, quarum ista sunt nomina: ecclesia de Corbellino, cum capella de Favergiis; ecclesia de Sancto Simphoriano, cum capella de Sancto Andrea; ecclesia Sancti Xpistofori de Romaniaco; ecclesia Sancti Apollinaris de Colomiaco; ecclesia de Chimilliaco. Testes autem et factores nostre concessionis isti sunt: Arnaldus archidiaconus, Ugo decanus, magister Umbertus, Isulfus decanus, Petrus de Briort, Johannes sacerdos, Guigo d'Iseu, Boso Cochez, Giraldus, domnus Umbertus Gebennensis episcopus, Uldricus, Girardus.

Igitur ego Pontius, Belicensis ecclesie minister et episcopus, auctoritate Dei omnipotentis Patris et Filii et Spiritus Sancti, et beatorum apostolorum Petri et Pauli, et omnium sanctorum Dei et nostra, omnes illos tam clericos quam laicos quicumque hanc nostram donationem et concessionem irrupere, infringere sive destruere temptaverint aliqua calumnia, a sancte liminibus Ecclesie separo et omnibus modis excomunico, et in perpetuum cum diabolo et angelis ejus damno.

Facta est autem carta ista anno ab Incarnatione Domini millesimo C. XXVIIII, apud Portas, precipiente domno Pontio Turrensi, Belicensi episcopo.

1. Original parch. de 22 lig. Copies dans : BALUZE, t. LXXV, fº 298-9 (ex arch. Sᶦ Ruffi Valent.) ; OLLIVIER (J.), Cart. de St-Ruf, tº 52 : Arch. hist. du Dauph., t. XV, fº 148 (ex litteris originalib. eccl. Sᵘ Ruffi). Texte impr. dans PETIT, Theodori Pœnitent., t. II, p. 634-5 (ex eodem Chartulario). Cf. EUSEBI, Repert., p. 89 : « Carta originalis in pergameno, cum sigillo pendente, ubi est imago episcopi circumscripta : SIGILLVM PONTII BELLICEN ' EPISCOPI »...

2. Le bˣ Ponce, évêque de Belley, que l'on dit originaire de la paroisse du Balmey (Répert. d. sourc. hist., c., 1859), semblerait, d'après la fin de cette charte, se rattacher à une famille de la Tour.

XIX.   '   1133.

(BOSONIS DE BRIOR DONATIO DOMUI) DE ORDENAS [1].

N OTUM sit omnibus tam presentibus quam futuris, quod ego Boso de Brior, recogitans inenarrabilem illam mercedem quam Deus ante secula preparavit diligentibus se [2] in veritate et in corde perfecto, do ecclesie Sancti RVFI et domui Ordinatensis loci, et Guillelmo predicte ecclesie abbati et omnibus successoribus ejus, totam terram quam habeo in eodem loco cultam atque incultam, silvas, campos et prata ; et quecumque predecessores mei pro animabus suis predicte donaverunt ecclesie, bono animo laudo atque confirmo, perpetua pace possidenda ab ecclesia Sancti RVFI et Beate MARIE Ordinatensis. Propter hoc ipse domnus abbas Guillelmus cum suis fratribus dedit michi et meis propinquis, Bosoni Burdini et Fulconi Boschaz, qui hec mecum pariter laudaverunt, societatem et participationem in beneficiis et orationibus ecclesiarum Sancti RVFI sicut unius canonici. Hec donatio facta est, domno Guillelmo abbate presente, in claustro Ordinatensi, et postmodum iterum recitata et confirmata in presentia domni Guillelmi Arelatensis archiepiscopi, Romane sedis legati, et BERNARDI Aurasicensis episcopi. S' magistri Duranni monachi. S' Johannis monachi Cluniacensis. S' Petri Leotardi. S' Aymonis de Corbelino. S' Bernardi de Marchanz. S' Bernardi de Flavini(ac)o. S' Berardi et Humberti de Chindes. S' Josmari. S' Beduini. S' Stephani de Corbellino. S' Hugonis de Colomeo. S' Hugonis conversi. S' Poncii de Loiis. S' Poncii de Balon. S' Poncii de Avinio. Hanc ipsam donationem laudavit Berlio Rufus, consanguineus Bosonis, et si quid juris habebat in his terris, totum pari modo concessit jamdicte ecclesie, sub testimonio predictorum. Actum sub venerabili anacorita Poncio Beliciensi episcopo. ANNO DOMINICE INCARNATIONIS M'.C.XXX.III.

Si quis hanc donationem ab ecclesia Beati Rufi auferre presumpserit, anathema sit.

1. Original parch. de 20 lig., en très grosse écriture (le mot anno a 14 mill. de haut). Copie dans OLLIVIER (J.), Cart. de St-Ruf, f° 54 : Arch. hist. du Dauph., t. XV, f° 143 (ex litteris originalib. ecclesiæ S¹¹ Ruffi). Cf. EUSEBI, Repert., p. 90.

2. Cff. I Corinth., II, 9 ; JACOB. I, 12.

XX [1].   .   *1139.*

Gaufridi episcopi Burdigalensis [2], pro prioratu de Mornaco, carta originalis in pergameno, cum sigillo pendente. Incipit : « Quod a nobis », datum Agadellæ 1139 ; ubi confirmat Roberto priori et canonicis suis Sancti Nicolai de Mornaco ecclesias Beati Petri de Mornaco et Beati Stephani de Arverto et Beati Cirici, cum decima ejusdem, et Beati Petri de Chalaveda, et capellam Beati Romani, cum appendiciis suis, molendinis, terris quæ sunt in mari sive in campestribus, et salinis et terris vicinis maris ; et recipit sub perpetua protectione ecclesiæ Burdigalensis. Ait etiam quod ipsa ecclesia eisdem adjudicata solemniter fuit in concilio Pisano contra Cluniacenses et Malliacenses ; unde Innocentius papa II scripsit Guillelmo episcopo Xantonensi, tamquam pastori suo, ut in canonicum ordinem secundum regulam beati Augustini observari faciat, etc. « Actum presentibus religiosis et venerabilibus episcopis Guillelmo Xantonensi episcopo [3] et Liberio (lire Lamberto) Engol(ism)ensi episcopo [4] », etc. In sigillo est imago episcopi dextera benedicen(ti)s et sinistra baculum tenen(ti)s, circumscripta : SIGIL· GAUFRIDI DEI GRATIA BURDEGALEN· EPI.

1. Analyse fournie par EUSEBI, Repert., p. 91-2.
2. Geoffroy du Loroux, archevêque de Bordeaux (Répert. d. sourc. hist., c. 836).
3. Guillaume Guadrati, évêque de Saintes (Répert., c. 961).
4. Lambert, évêque d'Angoulême en 1136, mort le 13 juin 1148.

XXI.   *1139.*

(STEPHANI VILAR. VENDITIO DE PORTU RODANI LUGDUNI) [1].

IN scripturis legitur, sicut nobis a viris provectioribus tra-
ditur, quod penitentia non agitur, sed fingitur, si quod
oblatum est non restituatur. Idcirco ego Stephanus Vilarensis, Ylie filius, volens Jerosolimam proficisci, ne labor
meus sit irritus et vacuus, si pergam sanguine et rapina
cruentas habens manus, si in hoc itinere mortuus fuero, in
sacra manu domni P(etri), sancte Ludunensis ecclesie archiepiscopi, sedis apostolice legati [2], assistentibus Ylione
abbate et Stephano archidiacono, et G. dapifero et G. de
Sal, et S(ancti) R(ufi) canonicis, Hu. priore de Buxa, et
Fulcherio et Giraldo priore de Platera, et Giraldo de Luseis
et Valcherio, pro anima matris mee et pro salute mea et
antecessorum meorum, solvo, dimitto, dono per fidem sine
enganno ecclesie Sancte Marie de Platera et tibi Giraldo,
ejusdem ecclesie priori, et omnibus aliis Sancti Rufi canonicis, presentibus et futuris, partem meam de portu Rodani
qui est Lugduni ; pro qua parte, tu, predicte Giralde, prior
de Platera, et S. R. canonici de me querimoniam faciæbatis,
eo videlicet quod, secundum allegationes vestras, eam ecclesie predicte et vobis pro decem et VIII libris vendiderim et
postea, suscepto precio, eandem partem abstulerim. Tu vero,
Giralde, prior de Platera, prenominatam partem portus a
Guielmo de Luseis de decem marchis argenti redimis et duas
marchas mihi Stephano Vilarensi tradis. Hoc itaque donum
facio secundum prefatum modum, tali tenore ut, si ab Jero-
solimis rediero et duodecim marcas argenti tibi Giraldo,
predicto priori, et S. R. canonicis reddere voluero, tu, prenominate Giralde, prior Sancte Marie de Platera, et S. R.
canonici non ante predictas marcas argenti accipiatis nec
ante de portu vos devestiatis, donec querimonia, quam tu
predicte Giralde et S. R. canonici pro supra dicta portus
venditione et ablatione de me faciebatis, diligenter exami-
netur et sopiatur justoque juditio terminetur. Ego P(etrus),
sancte Ludunensis ecclesie archiepiscopus, sedis apostolice
legatus, ut hoc prefatum donum quod supradictus Stephanus
Vilarensis, Ilie filius, secundum supradictum modum, in
manu nostra, coram supra nomminatis personis, fecit, filiis
nostris S. R. canonicis ratum et inconcussum in perpetuum

maneat et stabili tenore inconvulsum illibatumque jugiter vigeat, ipsum donum laudando confirmo et omnes hujus doni violatores, si qui unquam forte, quod absit, fuerint, debite excommunicationis sententie auctoritate Dei et nostra subicimus, et successoribus nostris, ut hoc ipsum inviolatum custodiant, intimo mentis affectu supplicamus ; et ad fulciendam ejusdem doni cartam, istam quam supradictus Stephanus Vilarensis de prenominato dono coram nobis fieri jussit, rogatu ejusdem Stephani, sigillum nostrum aponimus donumque cum carta nostra auctoritate munimus. S. Ilionis. S. Stephani archidiaconi. S. Girini dapiferi. S. Girini de Sal. S. Umberti Sancti Rufi canonici. S. Fulcherii. S. Geraldi. S. Geraldi. S. Balcherii. S. Stephani Vilaransis, qui hoc donum fecit et hanc cartam fieri jussit. Ego Stephanus Vilarensis, filius supradicti Stephani, hoc donum laudo, facio et confirmo in castro quod dicitur Vilars, in domo Stephani Broci, coram pluribus clericis et laicis. S. Guillelmi, abbatis S(ancti) R(ufi). S. Balcherii. S. Umberti de Monte. S. Geraldi. S. Guillelmi de Carboneres. S. Negelli de Braonna. S. Stephani Broci. Facta est carta ista et donatio anno ab Incarnatione Domini M.C.XXX.VIIII.

1. Arch. du Rhône, fonds de la Platière, orig. Texte impr. dans GUIGUE, *Cartul. Lyonnais*, t. I, p. 35-6.

2. Pierre Ier, archevêque de Lyon dès 1129, mourut à St-Jean-d'Acre le lundi 29 mai 1139 ; cette charte doit donc appartenir aux premiers mois de cette même année. Cf. *Obituar. Lugdun.*, p. 47.

XXII.   *29 janvier 1147.*

(EUGENII III PAPÆ CONFIRMATIO SENTENTIÆ AMEDEI ARCHIEPISCOPI LUGDUNENSIS DE ECCLESIA S^{ti} ANDEOLI) [1].

EUGENIUS episcopus, servus servorum Dei, dilectis filiis N(icolao) abbati Sancti Ruffi ejusque fratribus, salutem et apostolicam benedictionem. Que a fratribus nostris episcopis et precipue sedis apostolice legatis rationabili providentia acta esse cognoscimus, in sua debemus stabilitate firmare, ne pravorum hominum [2] valeant refragatione turbari. Venerabilis frater noster A(medeus) Lugdunensis archiepiscopus, apostolice sedis legatus [3], sicut ex litteris ipsius [4] accepimus, pro controversia que inter vos et clericos Sancti Andeoli, super ipsa Sancti Andeoli ecclesia, diutius agitata est, utramque partem ante suam presentiam evocavit et post multas hinc inde disceptationes et allegationes, legitimorum testium ex parte vestra susceptis juramentis, fratres vestros canonicos Sancti Ruffi turpiter ac violenter de ipsa ecclesia expulsos fuisse, ejusdem Sancti Andeoli ecclesie possessionem vobis plenarie restituendam adjudicavit. Quod per venerabilem fratrem nostrum G(uillelmum), Vivariensem episcopum, ex mandato ipsius legati effectui mancipatum est et eadem ecclesia vobis est restituta. Quia ergo nostri officii est male acta corrigere et bene gesta firmare, eamdem restitutionem vobis sedis apostolice auctoritate firmanus : salvo jure proprietatis, si modo a nobis vocati illud in presentia nostra ordine judiciario ostendere poterunt. Datum apud Vicum, quarto kalendas februarii.

1. Copies dans : Baluze, t. LXXV, f° 294 (ex arch. Valen. S¹ Ruffi); Ollivier (J.), *Cart. de St-Ruf*, f° 49 (extr. de l'orig. parch. le 3 déc. 1702) : *Arch. hist. du Dauph.*, t. XV, f° 160 (ex litteris original. eccl. Sⁱⁱ Ruffi). Cff. Eusebi, *Repert.*, p. 86 (Bulla originalis); Jaffé, *Reg. pont. Rom.*, ed. 2ᵃ, n° 8999. — 2. B. omet. — 3. Amédée, archevêque de Lyon vers 1142, mort en 1147/8. — 4. B. *ejus.*

XXIII. *19 octobre 1152.*

(Eugenii III papæ confirmatio institutionis ordinis

canonici in ecclesia de Bellomonte) [1].

E UGENIUS episcopus, servus servorum Dei, dilectis filiis W(illelmo) preposito et ceteris clericis ecclesie Beate Marie de Bellomonte, salutem et apostolicam benedictionem. Quotiens ea que hortari nos convenit postulamur, moras ad concedendum facere non debemus, ne differre bona desideria, que magis dirigenda et fovenda sunt, videamur. Ideoque rationabilem postulationem vestram, quam ex litteris venerabilis fratris nostri P(etri) Rutinensis episcopi et nobilis viri T(rincavelli) Biterrensium vice comitis, atque relatione prepositi vestri cognovimus, debita benignitate attendentes, religiosis desideriis vestris clementer annuimus et institutionem canonici ordinis, quam in vestra ecclesia inducere et observare cupitis, favoris nostri authoritate firmamus et futuris temporibus ratam haberi precipimus :

statuentes ut ordo canonicus, secundum Deum et beati Augustini regulam, in vestra ecclesia juxta observantiam patrum Sancti Rufi, ex hoc nunc a vobis et aliis, qui in eo substituentur in perpetuum, observetur et amodo nullus ibi nisi canonicus regularis ordinetur. Datum Albe, decimo quarto kalendas novembris.

1. Copie dans Doat (Paris, B. N.), t. CXXXVII, f° 19 (extraict et collationné à l'original trouvé dans les archives des titres de l'église collégiale de Beaumont, au diocèze de Vabres,... le 29 may 1667). Cff. Eusebi, *Repert.*, p. 78 ; Jaffé, *Reg. pont. Rom.*, ed. 2ᵃ, n° 9609.

XXIV [1].   *24 avril 1154.*

Bulla Anastasii papæ IV directa « dilectis filiis Durando abbati ecclesie Sancti Rufi ejusque fratribus ». Incipit : « Religiosam... Datum Laterani, VIII kalendas maii MCLIIII » ; ubi suscipit sub protectione apostolicæ sedis ecclesiam et ordinem Sancti Rufi, præcipit ut ordo canonicus ibidem secundum Deum et beati Augustini regulam institutus perpetuo observetur ; confirmat omnia bona et ecclesias quas nominat, et inter eas : « ecclesiam Sancti Jacobi et Sancti Rufi subtus civitatem Tripolitanam sitam, et cum ecclesia de Artucia, et cum honore et possessionibus ad easdem ecclesias pertinentibus.....; ecclesiam Sancti Jacobi de Valentia », etc. ; « preterea aqueductum a Durentia descendentem in Rhodanum... » Eximit terras quæ coluntur propriis canonicorum sumptibus a decimis. Subscriptus est idem papa et 17 cardinales.

1. Analyse fournie par Eusebi, *Repert.*, pp. 5 et 77 : « Liber 28 fol. notatus sub littera A, n° 36, continet bullas seq. autentice extractas ab earum originalibus ». Cf. Jaffé, *Reg. pont. Rom.*, ed. 2ᵃ, n° 9874.

XXV.   *(1154-59).*

Domni prioris Sancti Petri foris portam Dyensem [1].

ADRIANUS [episcopus, servus servorum Dei, dilectis filiis Petro priori ecclesie Sancti Petri Diensis ejusque fratribus, tam presentibus quam futuris, regularem vitam professis, in perpetuum. Religiosis desideriis dignum est facilem prebere consensum, ut fidelis devotio celerem sortiatur effectum. Eapropter, dilecti in Domino filii, vestris justis postulationibus clementer annuimus et prefatam ecclesiam, in qua divino mancipati estis obsequio, sub beati Petri et nostra protectione suscipimus, et presentis scripti privilegio communimus. In primis siquidem statuentes, ut ordo canonicus qui secundum Dei timorem et beati Augustini regulam, et secundum institutionem ecclesie Sancti Rufi in ecclesia ipsa institutus esse dinoscitur, perpetuis ibidem temporibus inviolabiliter conservetur. Preterea quascumque possessiones, quecumque bona eadem ecclesia inpresentiarum juste et canonice possidet, aut in futurum concessione pontificum, largitione regum vel principum, oblatione fidelium seu aliis justis modis, prestante Domino, poterit adipisci, firma vobis vestrisque successoribus et illibata permaneant; in quibus hec propriis duximus exprimenda vocabulis : ipsum burgum qui est juxta ipsam ecclesiam, jus parrochiale, viridarium, condaminam,́ cum decima que est juxta eandem civitatem, molendina cum cursu aquarum superius et inferius, ortos, prata, nemora, terram de Planis, terram de Rebusac, terram de Noullac, terram de Cavallac, terram de Sancto Saturnino et vineas, terram de Podio, terram de Taalosc, domos, vineas, terram de Quinto, terram de Tues cum omnibus appendiciis suis, terram de Verneih, terram de Corneto, terram de Ruant et vineas, terram de Monte Sancti Martini, terram de Sebione, terram de Segeleiras, terram de Besso et vineas, terram de Vaileu, terram de Aucellone, et omnes alias terras cultas et incultas ubicumque sint, vineam que est juxta condaminam supradictam et omnes alias cum omnibus pertinentiis suis ; annuam pensionem domorum, ortorum, vinearum et terrarum, cum venditionis et emtionis usatico. Sanctimus preterea ut [ne]c Templariis nec Hospitalariis, neque cuilibet alii liceat infra terminos ipsius ecclesie, in dampnum ejus, oratorium vel ecclesiam quamlibet vobis invitis hedificare ; sepulturam quoque ipsius loci liberam esse concedimus, ut eorum devotioni et extreme voluntati qui se illic sepeliri deliberaverint, nisi forte excommunicati sint vel interdicti, nullus obsistat : salva tamen justitia matricis ecclesie. Sane cum commune interdictum terre fuerit, liceat vobis, clausis januis, non pulsatis tintinnabulis, exclusis excommunicatis et interdictis, suppressa voce, in ecclesia vestra divina officia celebrare. Ad hec decimas agrorum, vinearum et omnium possessionum vestrarum, sicut Hugo bone memorie, Diensis quondam episcopus, atque Ismido et alii successores ejus . . . .·. . . . .

1. Original parch. dont il ne reste que 18 lig. Cf. JAFFÉ, *Reg. pont. Rom.*, ed. 2ᵃ, nº 10455.

XXVI [1].   *(1154-59).*

Bulle du sainct Siege soubz le pape Adrien 4°, confirmant la sentence donnée par les sieurs archevesque de Vienne et evesque de Grenoble, sur le différent des sieurs abbé de Saou et prieur de Sainct Félix.

1. Analyse fournie par l'*Inventaire de St-Félix*, fº 37, nº 188.

XXVII.   *17 avril (1155).*

(BULLA ADRIANI IV PAPÆ DE DECIMIS TERRARUM) [1].

ADRIANUS episcopus, servus servorum Dei, dilectis filiis D(urando) abbati et ceteris canonicis ecclesie Sancti Ruffi, salutem et apostolicam benedictionem. Licet ex injuncto nobis a Domino apostolatus officio debeamus omnibus ecclesiis providere, pro illis tamen precipue nos opportet esse sollicitos quibus speciali vinculo caritatis·sumus astricti, quatinus et nos videamur exequi quod.debemus et que nobis mater extitit honestatis et in religione studuit actencius informare patris benefficium senciat et illius qui olim filius merito vocabatur. Ea propter, dilecti in Domino filii, utilitati vestre imposterum providentes, statuimus ut nullius nostre vel predecessorum nostrorum constitucionis auctoritas vobis obsistat, quin de omnibus terris, de quibus decimas canonice et legitime habere aliquando consuevistis vel aliqua vestra ecclesia que sit vobis subjecta, ad quoscumque terre ipse devenerint, de cetero habeatis. Nulli ergo omnino hominum liceat hanc nostre constitucionis paginam temerario ausu infringere seu ipsi modis quibuslibet contraire. Si quis autem hoc actemptare presumpserit, indignationem omnipotentis Dei et beatorum Petri et Pauli apostolorum ejus se noverit incursurum. Datum Rome, apud Sanctum Petrum, xv kalendas maii.

1. Vidimus de Franç. du Puy, official de Valence (1487), f° 3ᵇ (n° xIIII). Copie dans Eusebi, *Repert.*, p. 303. Texte impr. (incomplet) dans: *Gallia Christ. vet.*, t. 1V, p. 803; Fantoni Castrucci, ouvr. cité, t. II, p. 392-3. Cff. Eusebi, *Repert.*, p. 70; Jaffé, *Reg. pont. Rom.*, ed. 2ᵃ, n° 10030. On remarquera le passage où le pape Adrien IV rappelle avec gratitude les liens qui avaient uni Nicolas Breakspear à l'ordre de St-Ruf (*Répert. d. sourc. hist.*, cc. 29 et 2381).

XXVIII.   *31 octobre (1155).*

(Ejusdem bulla Ademaro sacristæ Sancti Rufi) [1].

A DRIANUS episcopus, servus servorum Dei, dilecto filio Ade. sacriste Sancti Ruffi, salutem et apostolicam benedictionem. In eminenti apostolice sedis specula, disponente Domino, constituti, que ad utilitatem ecclesiarum pertinent et statuere debemus modis omnibus et firmare, Ea propter, dilecte in Domino fili, peticioni tue gratum impendentes assensum, auctoritate apostolica constituimus ut ea que nos sacristie concessimus aut processu temporis concedemus, nullus unquam exinde alienet. Si quis autem hoc actemptaverit, indignacionem omnipotentis Dei et beatorum Petri et Pauli apostolorum ejus se noverit incursurum. Datum Capue, ii kalendas novembris.

1. Vidimus de Franç. du Puy, official de Valence (1487), f° 4 (n° xVIII). Copie dans Eusebi, *Repert.*, p. 306. Cff. Eusebi, p. 72; Jaffé, *Reg. pont. Rom.*, ed. 2ᵃ, n° 10096.

XXIX.   *27 avril 1156.*

(Ejusdem bulla pro ecclesia B. M. de Bellomonte) [1].

A DRIANUS episcopus, servus servorum Dei, dilectis filiis Guillelmo, preposito ecclesie Beate Marie de Bellomonte, ejusque fratribus, tam presentibus quam futuris, regularem vitam professis, in perpetuum. Pie postulatio voluntatis effectu debet prosequente compleri, ut devotionis sinceritas utiliter enitescat, et utilitas postulata vires indubitanter assumat. Eapropter, dilecti in Domino filii, vestris postulationibus clementer annuimus et prefatam ecclesiam, in qua divino estis obsequio mancipati, sub beati Petri et nostra protectione suscipimus et presentis scripti privilegio communimus. In primis siquidem statuentes, ut ordo canonicus secundum Deum et beati Augustini regulam in ipsa ecclesia, juxta observantiam ecclesie Sancti Rufi, perpetuis temporibus inviolabiliter observetur. Preterea quascumque possessiones, quecumque bona juste et canonice possidetis, aut in futurum concessione pontificum, largitione regum vel principum, oblatione fidelium seu aliis justis modis, prestante Domino, poteritis adipisci, firma vobis vestrisque successoribus et illibata permaneant. In quibus hec duximus propriis exprimenda vocabulis : in episcopatu Ruthenensi, ecclesiam Sancte Marie de Viveyriis, ecclesiam Sancte Marie de Comps, ecclesiam Sancti Vincentii de Calm, cum sua capella de Prohencone, ecclesiam Sancti Petri de Mones, ecclesiam Sancti Amantii de Anglaris, ecclesiam Sancti Privati, ecclesiam Sancti Stephani de Caucas, ecclesiam Sancti Simphoriani de Mercato, et in eadem parrochia villam de Bosqueto cum omni suo territorio; in episcopatu Albiensi, ecclesiam Sancti Stephani de Capella, ecclesiam Sancti Hilarii de Cabanes, cum decimis et aliis pertinentiis, sicut vobis a venerabilibus fratribus nostris Petro Ruthenensi et Rigaldo Albiensi episcopis concessa esse noscuntur et scripta pagina confirmata. Obeunte vero te nunc ejusdem loci preposito seu tuorum quolibet successorum, nullus ibi qualibet surreptionis astutia seu violentia preponatur, nisi quem fratres communi consensu vel pars consilii sanioris secundum Dei timorem et beati Augustini regulam providerint eligendum. Sepulturam quoque ipsius loci liberam esse decernimus et ejus *(lire eorum)*, qui se illic sepeliri delibe(rave)rint, devotioni vel extreme voluntati, nisi excommunicati vel interdicti fuerint, nullus obsistat : salva tamen justitia matris ecclesie. Decernimus ergo, ut nulli *(p. 10, l. 36)*.... profutura : salva nimirum sedis apostolice auctoritate et diocesanorum episcoporum canonica justitia. Si qua ergo in futurum . . . . inveniant. Amen.   Amen.   Amen.

Ego Adrianus, catholice ecclesie episcopus, s(ub)s(cripsi).

† Ego Guido, presbiter cardinalis tituli Sancti Grisogoni, ss.

† Ego Ubaldus, presbiter cardinalis tituli Sancte Praxedis, ss.

† Ego Bernardus, presbiter cardinalis tituli Sancti Clementis, ss.

† Ego Octavianus, presbiter cardinalis tituli Sancte Cecilie, ss.

† Ego Johannes, presbiter cardinalis Sanctorum Johannis et P(auli) tituli Pamachii, ss.

† Ego Henricus, presbiter cardinalis tituli Sanctorum Nerei et Achillei, ss.

† Ego Joannes, presbiter cardinalis tituli Sanctorum Sylvestri et Martini, ss.

† Ego Oddo, diaconus cardinalis Sancti Georgii ad Velum Aureum, ss.

† Ego Guido, diaconus cardinalis Sancte Marie in Porticu, ss.

† Ego Odo, diaconus cardinalis Sancti Nicolai in Carcere Tulliano, ss.

Datum Beneventi, per manum Rolandi, sancte Romane ecclesie presbiteri cardinalis et cancellarii, v. kalendas maii, Incarnationis Dominice anno M. C. LVJ, indictione IIII, pontificatus vero domni ADRIANI pape IIII anno secundo.

1. Copie en fac-simile, avec la devise *(Oculi mei semper ad Dominum)* dans la roue et le monogramme *(Benevalete)*, extraite « d'un grand parchemin escript et en la même figure que dessus.., exhibé par Pierre Arvieu, sacristain de l'église N.-D. de Beaumont, et .... par François Miffaud, sindic du chapitre de Beaumont, en 1665 ». Autres à Paris, Bibl. Nat., dans DOAT, t. CXXXVII, f° 4 (extraict comme au n° XXIII), et ms. lat. 12776, f° 196. Cff. EUSEBI, *Repert.*, p. 78; JAFFÉ, *Reg. pont. Rom.*, ed. 2ª, n°ˢ 10176 et 10456.

XXX.   *30 mai (1157-8).*

(EJUSDEM CONFIRMATIO CONCESSIONIS EPISCOPO

AVENIONENSI) [1].

A DRIANUS episcopus, servus servorum Dei, dilectis filiis R(aimundo) abbati et universo capitulo ecclesie [Sancti Rufi], salutem et apostolicam benedictionem. Devotioni vestre presentium [litterarum lecti]one volumus innotescat, nos concessionem quam dilec[ti filii] nostri R. de Arenis et frater C. venerabili fratri nostro G(aufrido) Av[enion]ensi episcopo auctoritate nostra fecisse noscuntur, ratam atque inconcussam habemus et eam firmitatis robur decernimus obtinere. Datum Lat(erani), III.   kal(endas)   junii.

1. Original parch. de 7 lig., avec bulle en plomb sur cordelette de chanvre. Copie dans EUSEBI, *Repert.*, p. 98. Cf. JAFFÉ, *Reg. pont. Rom.*, ed. 2ª, n° 10370.

XXXI.   *(10/29 janvier) 1158.*

PRIVILEGIUM DOM. ADRIANI PAPE IIIJᵈ (PRO ECCLESIA
BEATÆ MARIÆ DE BISULDUNO) ¹.

ADRIANUS EPISCOPUS, SERVUS SERVORUM DEI, DILECTIS FILIIS BERNARDO PRIORI [ecclesie Beate Marie de Bisulduno, Gerundensis diocesis], EJUSQUE FRATRIBUS TAM PRESENTIBUS QUAM FUTURIS REGULAREM VITAM PROFESSIS, IN PERPETUUM. Religiosam vitam eligentibus apostolicum convenit adesse presidium, ne forte cujuslibet temeritatis incursus aut eos a proposito revocet aut robur, quod absit, sacre religionis infringat. Eapropter, dilecti in Domino filii, vestris justis postulationibus clementer annuimus et prefatam ecclesiam, in qua divino mancipati estis obsequio, sub beati Petri et nostra protectione suscipimus et presentis scripti privilegio communimus. In primis siquidem statuentes ut ordo canonicus, qui secundum Deum et beati Augustini regulam in eadem ecclesia noscitur institutus, perpetuis ibidem temporibus irrefragabiliter observetur atque in [su]bjectione et dispositione ecclesie Sancti Rufi inviolabiliter perseveret. Preterea quascumque possessiones, quecumque bona eadem ecclesia impresentiarum juste et canonice possidet, aut in futurum concessione pontificum, largitione regum vel principum, oblatione fidelium seu aliis justis modis, prestante Domino, poterit adipisci, firma vobis vestrisque successoribus et (per) vos ecclesie Sancti Rufi illibata permaneant. In quibus hec propriis duximus exprimenda vocabulis : ecclesiam Sancte Marie, ecclesiam Sancti Vincentii, ecclesiam Sancte Marie de Bello Loco, ecclesiam Sancti Martini de Cappelladda, ecclesiam Sancte Marie de Faris, ecclesiam Sancti Fructuosi de Ursimano, ecclesiam

Sancti Silvestri de Mauro, ecclesiam Sancti Andree de Soc-
carraz, ecclesiam Sancti Johannis de Balbis, ecclesiam
Sancti Quintini, ecclesiam Sancti Cornelii supra Gurnum,
ecclesiam Sancti Michaelis de Mediano, ecclesiam Sancti
Juliani de Ribellis, cum cimiteriis, decimis, primitiis et
oblationibus earundem ecclesiarum. Libertatem quoque et
justitias, quas prefata ecclesia juxta privilegia et monimenta
usque ad hec tempora sua noscitur habuisse, vobis nichilominus confirmamus. Sepulturam quoque ipsius loci liberam
esse concedimus, ut eorum devotioni et extreme voluntati,
qui se illic sepeliri deliberaverint, nisi forte excommunicati
vel interdicti sint, nullus obsistat : salva tamen justitia matricis ecclesie. Ad hec adicientes statuimus ut aliqua ecclesia parrochianos vestros, qui se illic sepeliri non devo-
ver[int], ad sepulturam recipere nulla ratione presumat. In
precipuis quoque festivitatibus, Pasche videlicet, Pente-
costen et Natalis Domini, aliquem parrochianorum vestrorum nulla ecclesia vobis invitis ad communionem recipiat.
Decernimus ergo ut nulli.... profutura : salva sedis apostolice auctoritate et dyocesani episcopi consueta justitia. Si
qua igitur in futurum.... judicem inveniant. Amen.

A(me)n. AMEN.

Ego Adrianus, catholice ecclesie episcopus, s(ub)s(cripsi).

† Ego Gregorius, Sabinensis episcopus, ss.
Ego Hubaldus, presbiter cardinalis tituli Sancte Praxe-
dis, ss.
Ego Octavianus, presbiter cardinalis tituli Sancte Ceci-
lie, ss.
Ego Girardus, presbiter cardinalis tituli Sancti Stephani
in Celio Monte, ss.
Ego Johannes, presbiter ca(r)dinalis Sanctorum Johannis
et P(auli) tituli Pamachii, ss.
Ego Henricus, presbiter cardinalis tituli Sanctorum Nerei
et Achillei, ss.
† Ego Odo, diaconus cardinalis Sancti Georgii ad Velum
Aureum, ss.
† Ego Guido, diaconus cardinalis Sancte Marie in Por-
ticu, ss.
† Ego Jacintus, diaconus cardinalis Sancte Marie in Cos-
mydyn, ss.
Dat(um) Rom(e), apud Sanctum Petrum, per manum Ro-

landi, sancte Romane ecclesie [presbiteri cardinalis et cancellarii, ... , indictione vj, Incarnationis D]omi-
nice anno M° C° L° VII, pontificatus vero domni ADRIANI
PAPE IIII. anno quarto.

1. Original parch. de 32 lig.; légères déchirures; la roue a 48 mill.
de haut et le monogramme *(Benevalete)* 53. Copies dans OLLIVIER (J.),
Cart. de St-Ruf, f° 56 : *Arch. hist. du Dauph.*, t. XV, f° 183 (ex litteris originalib. eccles. Sᵗⁱ Ruffi). Cff. EUSEBI, *Repert.*, p. 62 : « est
ibi idem papa subscriptus sua propria manu juxta suum signum ro-
tundum [+ *Oculi mei semp. ad dnm·.·*] » ; JAFFÉ, *Reg. pont. Rom.*,
ed. 2ᵃ, n° 10457.

XXXII.   1158.

(ODO EPISCOPUS VALENTINUS VENDIT INSULAM ESPARVARIAM

SUBTUS VALENTIAM ORDINI SANCTI RUFI) [1].

Q VIA necesse est ut ea que a prelatis et rectoribus ecclesiarum, religiosis locis et divinis obsequiis mancipatis
pietatis intuitu largiuntur, ad memoriam transferantur
posterorum et his qui pacem hoderunt malignandi prorsus
tollatur occasio : idcirco ego Odo, Valentine ecclesie episcopus, una cum ejusdem ecclesie canonicis, donationem de
insula subtus Valentiam, quam fecimus domno Raimundo
Sancti Rufi abbati et canonicis ecclesie presentibus et futuris, presenti pagina adnotamus et sigilli nostri munimine
roboramus ; cujus donationis modum atque tenorem in se-
quentibus duximus exprimendum. Ego utique Odo, Valentine ecclesie episcopus, communi consilio et unanimi voluntate canonicorum ejusdem ecclesie, donamus et concedimus
tibi Raimundo Sancti Rufi abbati et successoribus tuis, canonicis quoque Sancti Rufi presentibus et futuris, insulam
que dicitur Esparvaria, ad construendam ibidem Sancti Rufi
abbatiam, libere et quiete perpetuis temporibus habendam
et possidendam; ita ut neque a nobis neque a successoribus
nostris episcopis, neque etiam ab aliqua Valentine ecclesie
persona, ulla deinceps valeat vel debeat exactio flagitari.
Concedimus etiam ab oriente omnes decursus aquarum, ad
molendina facienda et alia quolibet edificia; piscandi quoque
per totum Rodanum liberam facultatem , consuetudines
porte et nauli, quas ab aliis exigimus, vobis remittimus in

perpetuum, ita ut nichil consuetum super inductumve exigatur. Preterea si aliquid a nobis jure feudi possessum, donatione vel emptione, vel quolibet alio titulo a vobis vel successoribus vestris fuerit acquisitum, jure vobis perpetuo possidendum concedimus : exceptis feudis Petri de Monte Vendrio, Guidonis de Monte Marano, Ismidonis de Ai et de Attoeriis, quibus talem apponimus condicionem, ut sine consciencia nostra nichil ex his dominio vestro valeat adnotari ; ab hac tamen exceptione removemus terram de Seron, ut eam libere etiam sine nostra conscientia valeatis acquirere. Vestris etiam gregibus et armentis omnia pascua nostra ubicumque sint, in mandamento civitatis sive castrorum sive villarum, libere pascenda concedimus. Et si quelibet persona honorem, quem a nobis annuali censu possidet, vobis vestrisque quolibet modo vel titulo dimiserit vel assignaverit, liberam facultatem accipiendi et possidendi in perpetuum damus et concedimus : retento tamen in omnibus annuali censu. Excipimus quidem ab his domos infra civitatem Valentinam sitas, quarum precium videlicet quanto plus vendere poteritis, volumus et concedimus tantum ut habeatis. Hoc totum ut predictum est et presens carta testatur, videlicet prout melius et sanius intelligi potest ad utilitatem vestri vestrorumque posterorum, remota omni questione et qualibet retractacione, vobis et vestris successoribus laudamus, damus et concedimus, et ut ratum in perpetuum habeatur sigilli nostri attestacione signamus. Et sciatur quod pro hujus modi donatione habuimus de bonis ecclesie Sancti Rufi cc. marchas argenti fini, ita quod nichil indebitum remansit. Si qua igitur deinceps ecclesiastica secularisve persona huic nostre donationi et confirmationi sciens contra ire temptaverit, si secundo terciove commonita emendare neglexerit, omnipotentis Dei et omnium sanctorum et beati Apollinaris indignationem et nostram incurrat, et a comunicatione Corporis et Sanguinis Domini nostri Jhesu Xpisti alienus fiat, atque in extremo examine divine subjaceat ultioni : sit pax omnibus diligentibus eam. Feliciter. Facta autem est hec donatio et confirmatio anno ab Incarnatione Domini M° C° L° VIII°, in presentia domni Stephani Viennensis archiepiscopi, apostolice sedis legati, et Hugonis Diensis episcopi, qui hanc cartam confirmaverunt et sigillorum suorum munimine roboraverunt, in capitulo Valentinensis ecclesie, laudante hoc et confirmante ejusdem ecclesie conventu : scilicet Armanno decano, Willelmo abbate Sancti Felicis, Olivario vicario, Willelmo capite scole, Bertranno de Stella, Falcone priore de Burgo, Berengario de Borna, Heustachio de Marzana, Latgers de Vaesc, Rotberto archipresbitero, Hugone de Castro Novo, Raimundo Provinciali, Poncio de Cleu, Aimone de Satilleu, Aimone de Torench, Monaldo de Ales, Raimundo de Bello Castro, Rostagno de Auriolo, Parisio, Petro Cornilla, Stephano Richardi, Willelmo Aaugis.

Presentibus etiam canonicis Sancti Rufi : Raimundo abbate, Martino priore Sancti Rufi, Ademaro sacrista, Willelmo camerario, Wicardo priore de Buxa, Guigone priore de Lugduno, Isardo priore de Vienna, Andrea priore de Comba, Raimundo priore de Peirau, Willelmo Rotberti, priore de Annoniaco, Petro Crasso, priore de Dia, magistro Elia, Willelmo priore de Claellis, Ademaro priore de Volvento, Stephano priore de Valentia, Stephano de Rivo Sicco, Petro canonico, Petro de Vernaisone, Ysaia, Laurentio presbitero ; presentibus aliis clericis Valentiniensibus : Chatberto, Petro Gaucelmo, Boneto de Finceu, Abone de Stella, Petro Chatberti, Willelmo Chabiol, Bonello presbitero, Johanne presbitero, Petro de Saone et quodam clerico domini pape, Willelmo Riculfo, et multis aliis clericis et laicis. Facta est hec carta vivente Adriano papa IIII°, regnante Frederico Romanorum imperatore.

---

1. Superbe original parch. de 32 lig., avec trace de quatre sceaux, dont trois pendants sur soie jaune, le 4° sur soie rouge. « Extrait de l'original en parchemin, avec trois sceaux pendants..., exibé... par M° André de Serre, chanoine chamarier et sindic du chapitre..., ce 12 mai 1673 ». Copie dans FONTANIEU, *Preuv. de l'Hist. de Dauph.*, t. II, 1ʳᵉ part., p. 225 (n° XXVII). Texte impr. dans *Gallia Christ.* nova, t. XVI, instr. c. 105-6 (d'après Fontanieu et l'extrait de 1673). Traductions : française dans CATELLAN, ouvr. cité, p. 304-7; italienne dans *S. Congregat. consistor.* (1764), Summar. n° 4 (3 p.). Cff. COLUMBI, *Opusc. var.*, pp. 257 et 288 ; VALBONNAIS, *Hist. de Dauph.*, t. II, p. 549; FONTANIEU, *Cart. du Dauph.*, t. 1, f° 113a ; EUSEBI, *Repert.*, p. 97.

XXXIII.

15 avril (1158).

(ADRIANI IV CONFIRMATIO CONCORDIE INTER CANONICOS SANCTI RUFI ET MALLEONENSES) [1].

A DRIANUS episcopus, servus servorum Dei, dilectis filiis (Raimundo) abbati et canonicis ecclesie Sancti Rufi, salutem et apostolicam benedictionem. Sicut equum est et officio religioso conveniens ut orte inter viros ecclesiasticos controversie concordia vel judicio terminentur, ita quidem ordo exigit rationis ut cum fuerint terminate firmentur et ad posterorum memoriam scripture fidei committantur. Inter vos autem et dilectos filios nostros (Aimericum) abbatem et canonicos Malleonensis [2] ecclesie, super ecclesiis scilicet Sancti Petri de Riamo et Montis Tornesii et Sancti Jacobi et Sancte Gemme et Brolii, a longis retro temporibus est negotium agitatum et usque ad hec tempora finem debitum non potuit optinere. Super quo cum ex parte vestra fuisset in auditorio nostro querela proposita, quod videlicet prefati canonici easdem ecclesias contra justitiam detinerent, nos illos ad exhibendam vobis justitiam nostro jussimus conspectui presentari. Quibus suam nobis presentiam exhibentibus, vos etiam per nuntios vestros ad sedem apostolicam accessistis et illis presentibus vestram proposuistis in conspectu nostro querelam; unde susceptis advocatis hinc inde, negotium ipsum in audientia nostra et fratrum nostrorum aliquandiu tractavistis. Quia vero testes sine difficultate nimia hinc inde non poteratis adducere, cum utraque pars multos diceret se habere, nos causam ipsam venerabili fratri nostro (Gaufrido) Burdegalensi archiepiscopo et (Geraldo) Lemovicensi episcopo et dilectis filiis nostris (Boneto) Sancti Sabini et (Junio) de Corona abbatibus decrevimus committendam, nostris eis litteris injungentes ut, testibus parcium auditis, examinatis atque susceptis, dicta omnium in scripture seriem fideliter hinc inde redigerent et nostre transmitterent noticie cognoscenda. Quibus rite peractis, tam vos quam antedicti canonici cum depositionibus testium et aliis rationibus vestris ad sedem apostolicam rediistis, et peticionem, allegationes ac defensiones vestras in nostro auditorio iterastis. Pars siquidem vestra, ex donatione bone memorie (Petri) quondam

Pictavensis episcopi et diutina possessione postmodum sub-
secuta, ea(s)dem vobis ecclesias vendicabat; donationis autem autenticum et bullatum instrumentum prefati episcopi
proferebat in medium, quod ecclesiam de Cavafaia cum
omnibus pertinentibus sibi ecclesiis, scilicet ecclesia de
Rialmo, Sancti Mauricii, Lotarderie, Moleronis, Telle, Brolii, Lilii, Sancti Sulpicii, Sancte Gemme et Sancti Germani
ecclesie Sancti Rufi concessas fuisse monstrabat : possessionem autem postmodum per multum temporis subsecutam
multis testibus ostendebat. Quo contra Malleonenses canonici transactionem quandam coram felicis memorie papa
Honorio factam opponebant in medium et instrumentum
ipsius transactionis ad noticiam proferebant; donationi
etiam cuidam ab Arnaldo priore de Cavafaia Maleonensi
ecclesie facte et a prefato episcopo postmodum confirmate
videbantur inniti : sed ipsius donationis instrumentum autenticum non habebant. Transactionem vero pars vestra his
rationibus infirmabat, quod videlicet frater ille qui transactionem fecerat ad transigendum non fuerat destinatus, et
postea abbas et canonici Sancti Rufi transactionem ipsam
ratam nullatenus habuerunt : immo in synodo Pictavis habita per nuntios suos eodem anno quo transactio facta fuerat manifeste contradixerunt, et hoc ipsum pars vestra testibus et litteris comprobabat. Unde cum nos, rationibus utriusque partis auditis, sententiam proferre vellemus, inter-
ponentibus ex voluntate nostra sollicitudinem suam dilectis
filiis nostris Julio tituli Sancti Marcelli et G(uidone) Sancte
Marie tituli Calixti et W(illelmo) tituli Sancti Petri ad Vin-
cula presbiteris cardinalibus, pro parte Maleonensis ecclesie abbas et R. de Bria et P. Giraldi, ejusdem loci canonici,
pro parte vero vestra P. prior de Cavafaia, A(demarus)
sacrista Sancti Rufi, magister E., magister G., (Petrus)
abbas Cellensis [3] contentionem ipsam elegerunt concordia
finiendam et in hunc transactionis modum ex utraque parte
de voluntate spontanea convenerunt, per pacis osculum et
fide data in manu venerabilis fratris nostri G(re)g(orii) Sabinensis episcopi, utrunque firmantes quod transactionem
ipsam a capitulo faceret ratam haberi. Ipsi quidem vobis
ecclesiam Brolii et ecclesiam de Sancta Gemma, cum omnibus pertinentiis suis, et si quid etiam in ecclesia de Cavafaia vel Moleronis et Sancti Laurentii de Taluch et Sancti
Mauricii et Sancti Sulpicii et Lotarderie et Lilii, cum om-

nibus pertinentiis earum, de jure poterant postulare absolute vobis et libere dimiserunt, et sine ulla repeticione sua
et successorum suorum perpetuis vobis temporibus reddi-
derunt et concesserunt habendas. Pars autem vestra quicquid haberatis in ecclesia Sancti Jacobi et quicquid in
ecclesia de Rialmo et de Monte Tornesio earumque pertinentiis de jure petere poteratis, Maleonensi ecclesie sine
vestra et successorum vestrorum repeticione liberum abso-
lutumque dimisit. Hac ergo transactione ad noticiam apostolatus nostri prolata et petente utraque parte robur ei
nostre confirmationis adjungi, nos de consilio et voluntate
fratrum nostrorum eandem transactionem auctoritate nostra
duximus confirmandam et eam scripti nostri pagina curavi-
mus communire. Nulli ergo hominum liceat hanc paginam
nostre confirmationis infringere vel ei aliquatenus contraire :
si quis autem hoc attemptare presumpserit, indignationem
omnipotentis Dei et beatorum Petri et Pauli apostolorum
ejus se noverit incursurum. Dat(um) Laterani, XVII. kalendas maii.

1. Original parch. de 31 lig., avec trace de bulle sur lacs de soie
rouge et jaune ; au dos : « Reg(istrata) ccc' lx viiij ». Cff. EUSEBI,
Repert., p. 63; JAFFÉ, *Reg. pont. Rom.*, ed. 2a, n° 10399.

2. Ici et plus loin le notaire avait d'abord écrit : *Mauleoneñ.* L'abbaye de la Trinité de *Mauléon* (auj. Châtillon-sur-Sèvre), ordre de
St-Augustin, avait été fondée au diocèse de Poitiers avant 1079. Le
lendemain de l'expédition de cette bulle, l'abbé Aimeric en obtint une
qui lui confirmait les possessions de son monastère (*Gallia Christ.
nova*, t. II, c. 1393).

3. Pierre, abbé de Notre-Dame de Celles (ordre de St-Augustin,
diocèse de Poitiers), avait été chanoine de St-Ruf (*Gallia Christ.
nova*, t. II, c. 1338).

XXXIV.   7 janvier (1159).

(EJUSDEM CONFIRMATIO DE PORTU LUGDUNENSI) [1].

ADRIANUS episcopus, servus servorum Dei, dilecto filio
Raimundo abbati et canonicis ecclesie Sancti Ruphi,
salutem et apostolicam benedictionem. Que pietatis
intuitu ecclesiis aliquibus vel personis ecclesiasticis conferuntur, in sua volumus stabilitate consistant et, ne processu
temporis debeant immutari, apostolice sedis oportet muni-

mine roborentur. Quocirca, dilecti in Domino filii, quod in portu Lugdunensi a Stephano de Vilari et filio ejus Stephano de Vilari vobis collatum esse dinoscitur, et bone memorie quondam (Petri) archiepiscopi Lugdunensis scripto firmatum, quemadmodum in eodem scripto rationabiliter continetur, vobis et successoribus vestris auctoritate apostolica confirmamus, et confirmationem ipsam ratam imperpetuum decernimus permanere. Liberum etiam transitum tibi, fili abbas, et successoribus tuis, cum his omnibus qui in societate tua fuerint, in eodem portu, quemadmodum tibi concessum est et nos ipsi cognoscimus, nichilominus confirmamus. Nulli ergo omnino hominum liceat hanc nostre confirmationis paginam temerario ausu infringere, vel ei modis quibuslibet contraire : si quis autem hoc attemptare presumpserit, indignationem omnipotentis Dei et beatorum Petri et Pauli apostolorum ejus se noverit incursurum. Datum Laterani, VII° idus januarii.

1. Arch. du Rhône, fonds de la Platière, orig. Texte impr. dans GUIGUE, *Cartul. Lyonnais*, t. I, p. 58-9. Cf. JAFFÉ, *Reg. pont. Rom.*, ed. 2ª, n° 10533.

XXXV.   *14 mars 1159.*

PRIVILEGIUM DE INSULA VALENTIE QUE DICITUR ESPARVERIA [1].

ADRIANUS episcopus, servus servorum Dei, dilectis filiis Raimundo abbati et universis fratribus ecclesie Sancti Rufi, salutem et apostolicam benedictionem. — Quanto ecclesiam vestram sinceriori caritate diligimus et majori amplexamur dilectionis affectu, tanto amplius ad ejus commodum et utilitatem intendimus, et vos in vestris justis postulationibus libentius exaudimus. Inde est quod, petitioni vestre grato concurrentes assensu, donationem seu venditionem insule Esparvarie que subtus Valentiam sita est, quam scilicet venerabilis frater noster O(do), Valentinus episcopus, vobis et ecclesie vestre, cum assensu et coniventia canonicorum suorum, fecisse dinoscitur, vobis et per vos ecclesie vestre auctoritate apostolica confirmamus. Cujus quidem donationis seu venditionis modum atque tenorem, sicut in scripto ipsius episcopi novimus contineri, duxi-

mus in subsequentibus exprimendum; est autem hujusmodi: « Ego O(do), Valentine ecclesie episcopus (*supra, p. 40,
l. 25*) indebitum remansit. » Ut autem hec omnia perpetuis
temporibus inviolabiliter observentur, auctoritate apostolice
sedis ea duximus munienda et presentis scripti pagina robo-
randa. Statuentes ut nulli omnino hominum liceat hanc
nostram confirmationem ausu temerario infringere vel ei
aliquatenus contraire. Si quis autem hoc attemptare presumpserit, secundo terciove commonitus nisi reatum suum
congrua satisfactione correxerit, potestatis honorisque sui
dignitate careat, reumque se divino judicio existere de perpetrata iniquitate cognoscat, atque in extremo examine districte subjaceat ultioni. Cunctis vero eam servantibus sit
pax Domini nostri Jhesu Xpisti, quatinus et hic fructum
bone actionis percipiant et apud districtum judicem premia
eterne pacis inveniant. Amen.   Amen.   . Amen.

Ego Adrianus, catholice ecclesie episcopus, s(ub)s(cripsi).

Dat(um) Lat(erani), per manum Rolandi, sancte Romane
ecclesie presbiteri cardinalis et cancellarii, ii. idus martii,
indictione vii, Incarnationis Dominice anno M° C° L° VIII°,
pontificatus vero domni ADRIANI PAPE IIII anno quinto.

1. Original parch. de 25 lig., avec bulle de plomb sur lacs de soie
rouge; la roue et le monogramme (*Benevalete*) mesurent 52 mill.;
seule la souscription du pape est d'une écriture différente et semble
autographe. Le dos porte cette autre inscription : *Confirmatio venditionis insule Esparverie per d. Adrianum papam quartum.* « Extrait tiré du propre original estant en parchemin exhibé... par le
seigneur (Guilhaume) abbé de S‸ Rufz... ce 3‸ janv. 1635 » ; autre
extrait de l'orig. en parch. exhibé par Guilh. de Gonar, chan. de S.
Ruf, en 1663. Copies dans OLLIVIER (J.), *Cart. de St-Ruf,* f° 62
(extrait de l'original... exibé... par M‸ André de Serre, chanoine chamarier et sindic du chapitre de S‸ Rufz... ce 12‸ may 1673) : *Arch. hist.
du Dauph.,* t. XV, f° 186 (ex litteris originalib. abbatiæ S‸i Ruffi).
Traductions (incompl.) : franç. dans CATELLAN, ouvr. cité, p. 307-8 ;
ital. dans *S. Congreg. consist.* (1764), Summar. n° 4⁵. Cff. FONTANIEU,
Cart. du Dauph., t. I, f° 113a ; EUSEBI, *Repert.,* p. 97 ; JAFFÉ, *Reg.
pont. Rom.,* ed. 2‸, n° 10556.

XXXVI ¹.   *Vers 1159.*

Item (transumptum) alterius litteræ seu privilegii dom.
Frederici Romanorum imperatoris, continentis confirmationem dicti Odonis prædecessoris nostri (Ludovici de Villa-

ris, episcopi Valentin.), quæ incipit in 2ª linea : « inclinari precibus nostra imperialis dignitas semper consuevit », etc. et finit dicti privilegii ultima linea : « comites Otto et frater ejus. »

1. Mention fournie par EUSEBI, *Repert.*, p. 97. Cff. FONTANIEU, *Cart. du Dauph.*, t. I, fº 113ª ; CATELLAN, ouvr. cité, p. 308.

XXXVII.   *27 mai (1159).*

(BULLA ADRIANI IV DE DECIMIS ET ORATORIIS) [1].

ADRIANUS episcopus, servus servorum Dei, dilectis filiis Raimundo abbati et fratribus Sancti Ruffi, salutem et apostolicam benedictionem. Justis petencium desideriis facilem debemus impartiri consensum et vota, que a racionis tramite non discordant, effectu sunt prosequente complenda. Ea propter, dilecti in Domino filii, vestris justis postulacionibus gratum impercientes assensum, apostolica auctoritate statuimus ut nulli omnino liceat decimas ad vestrum jus vel ad parrochias ecclesiarum vestrarum pertinentes, vobis invitis et nescientibus, emere vel eas quomodolibet usurpare. Statuimus eciam ut nemo in territorio ecclesie vestre aut in territoriis ecclesiarum ad vestrum jus pertinencium, absque vestra et diocesani episcopi conivencia et assensu, ecclesiam vel quodlibet oratorium edifficare presumat. Decernimus ergo ut nulli hominum fas sit hanc paginam nostre institucionis et confirmacionis infringere vel ei aliquatenus contraire : si quis autem hoc actemptare presumpserit, indignacionem omnipotentis Dei et beatorum Petri et Pauli apostolorum ejus se noverit incursurum. Datum Tusculani, vi kalendas junii.

1. Vidimus de Franç. du Puy, official de Valence (1487), fº 3ᵇ (nº xv); copie dans EUSEBI, *Repert.*, p. 303. Cff. EUSEBI, p. 72 ; JAFFÉ, *Reg. ponl. Rom.*, ed. 2ª, nº 10571.

XXXVIII.   *17 août 1159.*

Donatio ecclesie de Mornaco per episcopum et capitulum Xant(onenses) [1].

BERNARDUS, Dei gratia Sanctonensis episcopus, dilectis in
Xpisto fratribus Raimundo abbati et canonicis Sancti
Ruphi, tam presentibus quam futuris, in perpetuum.
Episcopalis officii esse dinoscitur religiosa loca diligere eisque ex intuitu pietatis congrua impertiri beneficia. Ea propter, dilecti in Domino fratres, considerata honestate et religione vestra que in dies, propiciante Domino, magis ac
magis dilatatur, ecclesiam Sancti Nicholai de Mornaco, cum
pertinentiis suis, co(n)silio capituli nostri et communi coniventia fratrum ejusdem ecclesie, vobis donamus perpetuis-
que temporibus quiete habendam concedimus, ut ordo canonicus ibidem a vobis conservetur : salvo jure et auctoritate
Xantonensis episcopi, in obedientia prioris et fratrum ejusdem ecclesie qui ad regendas capellanias eidem episcopo
presentati fuerint, et in ceteris omnibus que ad dignitatem
pertinent episcopi et ministrorum ejus, et salvo censu quem
sub annua pensione v^e solidorum ecclesie Xantonensi reddere eadem consuevit ecclesia. Ut igitur hec donatio nostra
firmior certiorque habeatur, presentem inde cartam fieri et
sigilli nostri munimine roborari fecimus, manu propria subs-
cribentes. Si qua ergo ecclesiastica secularisve persona
hanc nostre donationis paginam sciens contra eam temere
venire temptaverit, nisi semel, secundo terciove commonita
condigne resipuerit, iram et indignationem omnipotentis Dei
et apostolorum ejus Petri et Pauli incurrat et excommunicationi subjaceat. Datum apud Sanctum Florentium juxta
Niortum, xvi. kalendas septembris, Dominice Incarnationis
anno M. C. L. VIIII, indictione vii^a , Romano pontifice domino Adriano papa iiii, Henrico rege Anglorum et duce
Aquitanorum, episcopatus vero nostri anno x^o viii^o. Ego
Bernardus Xantonensis episcopus s(ub)s(crip)s(i). Ego El-
dradus, Xantonensis archidiaconus, concessi et subscripsi.
Ego Helias, Xantonensis ecclesie decanus, concessi et subscripsi. Ego Johannes, Xantonensis archidiaconus, concessi
et subscripsi. † Ego Michael, cantor Xantonensis ecclesie,
concessi et subscripsi. Ego Willelmus, canonicus et archi-

presbiter de Surgeriis, concessi et subscripsi. Ego Hiterius
Morel, canonicus, concessi et subscripsi X. Ego Ademarus
Carbonelli, canonicus, concessi et subscripsi. Ego G. Mau-
seaci concessi et subscripsi. Ego Helyas D(avi)d, canonicus, concessi et subscripsi X. Ego Petrus Papini concessi
et subscripsi. Ego W. Aleardi, canonicus, concessi et subscripsi X. Ego Rotbertus Quod Capud concessi et subscripsi.
Ego Petrus Helye, canonicus, concessi et subscripsi X. Ego
Ademarus subscripsi et concessi X.

1. Original parch. de 14 lig. 1/2; trace de sceau pendant sur bande
de cuir. Texte impr. dans *Gallia Christ.* nova (1720), t. II, instr. c.
460-1 (ex Chart. S. Rufi). Cf. Eusebi, *Repert.*, p. 92.

XXXIX. (1163-73).

Sententia dom. episcopi Diensis contra monachos Sancti Giraldi super ecclesia de Volvent [1].

Ego Petrus, Diensis episcopus, cum sederem in causa
monachorum Sancti Geraldi et canonicorum Sancti
Rufi, monachi conquesti sunt se violenter expulsos
a canonicis Sancti Rufi ab ecclesia que est extra castrum
de Volvent: quod a canonicis Sancti Rufi factum esse non
probaverunt. Canonici vero Sancti Rufi per Hugonem
Diensem episcopum possessionem sibi adjudicatam pro(b)a-
verunt. Probaverunt etiam ab A(medeo) Lucdunensi archiepiscopo, apostolice sedis legato, cum de appellatione cognos-
ceret, eandem sibi adjudicatam. Probaverunt etiam ipsi
canonici mandato legati se missos ab episcopo Hugone in
possessione utriusque ecclesie. Probaverunt etiam autenticis instrumentis a summis pontificibus Eugenio et Adriano
confirmatum quod legatus super possessione decreverat.
Unde nos, majorum vestigia sequentes, canonicos Sancti
Rufi justos possessores judicamus et monachos a petitione
possessionis utriusque ecclesie, salva proprietatis questione,
submovemus.

1. Original parch., avec fragment de sceau sur forte lemnisque.
Copie dans Ollivier (J.), *Cart. de St-Ruf*, f° 106 (extrait de l'orig. en
parch. avec un sceau de cire, ce 6 dec. 1712). Cf. Eusebi, *Repert.*, p. 87.

XL. (1167-72).

(Confirmatio episcopi Xantonensis de ecclesia Sancti Nicholai de Mornaco) [1].

A (DEMARUS), Dei gratia Xantonensis episcopus, Raimundo eadem gratia ecclesie Sancti Rufi venerabili abbati sanctoque ejusdem ecclesie conventui, in perpetuum. Que a sanctis patribus nostris episcopis religiosis locis et his qui terrena omnia contemplatione celestium reliquerunt pietatis et religionis intuitu conferuntur, in sua debent stabilitate consistere et ad majorem in posterum firmitatem habendam successorum sigillis eadem necesse ʊst communiri, ne pravorum hominum valeant refragatione perturbari. Quapropter, karissimi in Domino fratres ac filii, vestris justis postulationibus gratum impertientes assensum, ecclesiam Sancti Nicholai de Mornaco, cum omnibus ecclesiis et possessionibus ad eam pertinentibus, que a predecessore nostro Bernardo felicis memorie ecclesie Sancti Rufi concessa esse noscuntur, vobis et successoribus vestris laudamus et confirmamus, et in perpetuum eas habendas concedimus : salvo jure episcopali, ad instar predecessoris nostri B(ernardi) bone recordationis viri, in capellanis presentandis ad prefatas ecclesias regendas et prioris Sancti Nicholai de Mornaco representandi episcopo qui tunc forte residebit promissa sibi obedientia, et sub annua pensione v^{que} solidorum quos predicta ecclesia Sancti Nicholai de Mornaco ex dono Willelmi Gardradi ecclesie Xantonensi in Nativitate Domini reddere consuevit ; ita tamen ut ordo canonicus secundum regulam sancti Augustini et facultatem ejusdem loci ibidem irref(r)agabiliter perpetuis temporibus observetur. Hanc autem concessionem sigilli nostri munimine roboramus. Et si quis hanc nostre confirmationis paginam ausu temerario infringere voluerit aut aliquo modo perturbare presumpserit, indignationem omnipotentis Dei et beate Marie semper virginis atque omnium sanctorum ejus incurrat.

1 Original parch. de 17 lig. 2/3, avec sceau ogival (55 mill.) pendant sur corde tressée : évêque assis, vu de face, chapé, mitré, crossé et bénissant ; sur le contre-sceau (45 mill.) un aigle aux ailes déployées. Cf. Eusebi, *Repert.*, p. 92.

XLI.   *1169.*

(Concordia inter priorem Sⁱ Felicis et castellanos
Montilisii) [1].

Nos Odo, Valentinus episcopus, notum facimus universis
presentibus et futuris, quod cum discordia verteretur
inter Hugonem Galterii, priorem Sancti Felicis Valentie, ex una parte, et chaaslanos castri Montilisii et alios
habitatores dicti castri, ex parte altera, super eo quod dictus
Hugo prior Sancti Felicis dicebat quod animalia domus
Sancti Felicis et pastorum suorum, quecumque essent et
quocumque nomine censerentur, habebant et longo tempore
habuerant et eciam habere debebant libera pascua per totum
mandamentum castri Montilisii ; quod dicti chaaslani et alii
habitatores dicti castri Montilisii penitus denegabant. Tandem partibus in nostra presentia constitutis, prior Sancti
Felicis probavit legitime coram nobis quod domus Sancti
Felicis longuo tempore habuerat et habere debebat libera
pascua per totum mandamentum castri Montilisii superius
nominati ; nec obstabat quod chaaslani superius nominati et
habitatores dicti castri dicebant quod longum tempus lap-
sum fuerit quod animalia Sancti Felicis non fuerant in mandamento Montilisii superius nominati : cum, secundum quod
dictus prior Sancti Felicis dicebat, hoc domui Sancti Felicis
nocere non debeat, quoniam illo tempore domus Sancti Felicis animalia que illuc posset mittere non habebat. Nos
vero Odo predictus episcopus Valentinus, auditis et diligenter intellectis que partes coram nobis proponere volue-
runt, requisito et habito concilio peritorum, pronuntiando
sententiamus quod animalia domus Sancti Felicis et pastorum suorum, quecumque sint et qualitercumque censeantur,
habeant de cetero libera pascua per totum mandamentum
castri Montilisii superius nominati, super hoc ipsis chaas-
lanis et aliis habitatoribus dicti castri Montilisii, presentibus et futuris, perpetuum silentium imponentes, ipsi domui
Sancti Felicis predicta pascua per totum mandamentum
castri Montilisii, cum ingressibus et ogressibus suis, et aquis
et viis, confirmantes. Actum fuit hoc Valentie, anno Domini
M°C° sexagesimo nono, presentibus dom. Guillelmo Ame-
liensi episcopo [2], Martio et abbate Secureti fratre suo [3],

Guillelmo cantore, Abone de Alesio, Hugone de Stella, Eudone, Hugone Athoerii, Guillelmo Bolliardi, Petro Truberti, Pontio Benedicti, Guillelmo Moterii, Otgerio et Nicholao Payrollerii, et pluribus aliis fide dignis. In cujus rei testimonium nos Odo predictus episcopus presenti pagine sigillum nostrum duximus apponendum.

1. Insérée dans la transaction du 29 octobre 1261 entre les prieurs de St-Félix et du Val-Ste-Marie ; vidimus de l'official de Valence, du 4 mars 1312 ; autres copies modernes. Texte impr. dans S. Congreg. consist. (1764), Summar. n° 8 (ex origin.).

2. Cet évêque d'Amelia (district de Terni en Ombrie) doit être intercalé entre Gérard (1126) et Pierre (1179) dans la liste, encore fort incomplète, des titulaires de ce siège dressée par Gius. CAPPELLETTI (Le Chiese d'Italia, 1846, t. V, p. 199 ; cf. GAMS, Series episcop., p. 662) ; on le trouve encore à Valence le 6 mai 1170 (voir le n° XLII).

3. Cet abbé de St-Michel-de-l'Aiguille (près du Puy-en-Velay) est peut-être celui qui, dans le Cartul. de St-Chaffre (p. 176-7), porte le nom d'« Arimandus (al. A-nnus) Tondut ». Dans cette charte, de l'année 1159, figure son frère Etienne. Armand paraît encore en 1162 (Gallia Christ. nova, t. II, c. 756-7).

XLII. 6 mai 1170.

(CONVENIENTIA INTER ECCLESIAM SANCTI FELICIS ET FRATRES HOSPITALIS PROPE VALENTIAM) [1].

ANNO ab Incarnatione Domini M°C°LXX°, maio in mense, pridie nonas ipsius, facta est pactio, concordia sive convenientia inter ecclesiam Sancti Felicis, cui prior erat Hugo Gauterius, et fratres Hospitalis quod prope Valentie muros est situm, in quo magister fuerat Geraldus de Larnaz. Que fuit hujusmodi : ecclesia Sancti Felicis a tempore isto et deinceps non accipiet a fratribus Hospitalis aut queret decimas de nutrimentis animalium suorum, cujuscumque fuerint speciei, neque de novalibus illis que proprio labore vel propriis sumptibus in terris quas possident facte sunt aut fecerunt. Si vero terras suas ad novalia facienda hominibus aliis aut dederunt aut dabunt, quamdiu illas colent quibus fuerunt date, ecclesia Sancti Felicis semper in illis decimas accipiet ; postquam autem ad Hospitalis domum illarum quelibet integre revertetur, decimas ulterius illa non dabit. Eadem prorsus lex erit de terris quarum non est memoria quod fuerint aliquo ante tempore culte. Si forte qualibet in parte aliqua abbacie Hospitalis adquisierint fratres, tam cum ipsis quamdiu illas sumptu proprio laborare voluerint quam cum alienis cultoribus quamdiu illas colent; et si cultas adquisierint terras in eisdem semper et in omnibus aliis, quas per totam abbaciam Hospitale possidet que supra nominate non sunt, ecclesia Sancti Felicis sine contradictione decimas accipiet. De animalibus pastorum aliorum quoruncumque hominum, quorum oves erunt in ovili vel in ovilibus Hospitalis, videlicet de agnis qui non fuerint Hospitalis proprii, semper decimas habebit ecclesia. In manso dels Chabertz et in cabanaria Petri Morra accipiet taschiam et offerendam et decimas, in cabanaria del Revest offerendam et decimas; in duabus vineis, quarum altera est juxta grangiam et altera al Revest, accipiet annis singulis asinatam vini puri, quam fratres Hospitalis afferri facient in celarium Sancti Felicis. Ut autem pactio hec sine specimencia firma sit atque perpetua, habent hinc et inde singulas singuli cartas, per A, B, C divisas, sigillis etiam ab alterutra parte Hospitalis et ecclesia Sancti Felicis premunitas, quatenus aliquo superveniente de uno casu seu apostolici vel cujuscumque alterius privilegii auctoritate infirmari vel mutari non possit. Quod totum factum est ac diligenti studio perquisitum in presencia O(donis) Valentini et G(uillelmi) Amelini episcoporum, Ugonis de Stella et Guigonis de Sancto Romano, canonicorum Valentine ecclesie, Hugonis de Barcelona, magistri Templi, et confratris ejus Raymondi de Cruzol, Hugonis de Castellonovo, Lantelmi Roberti, Pontii Alliardi, Girardi Lanberti, Barnardi et Stephani hospitalarii et Guillelmi Raymondi, Faucherii, Petri del Mas, Guillelmi Geraldi, Johannis d'Anonay, Hugonis de Alexiano, Otgerii, Guillelmi de Chandieu, Hugonis Othoerii, Armann Einevonis.

1. Copie tirée d'un ancien terrier de St-Félix, nº 4.

XLIII.   *20 juillet (1170).*

(Alexandri III papæ exemptio a decimis et primitiis) [1].

ALEXANDER episcopus, servus servorum Dei, dilectis filiis Raimundo abbati et fratribus ecclesie Sancti Ruffi, salutem et apostolicam benedictionem. Justis petentium desideriis dignum est nos facilem prebere consensum et vota, que a rationis tramite non discordant, effectu sunt prosequente complenda. Ea propter, dilecti in Domino filii, vestris justis postulationibus grato concurrentes assensu, auctoritate vobis apostolica indulgemus ut novalium vestrorum, que propriis manibus aut sumptibus colitis, sive de nutrimentis vestrorum animalium nullus a vobis decimas vel primitias exigere audeat. Ad hec vos et ecclesiam vestram, intuitu religionis et honestatis qua preminere noscimini, quadam speciali prerogativa decorare volentes, tibi, fili abbas, et successoribus tuis duximus indulgendum, ut vobis canonicos vestros, cum episcopi opportunitatem non habueritis, liceat tonsurare et coronam facere. Decernimus ergo ut nulli omnino hominum liceat hanc paginam nostre concessionis et confirmationis infringere vel ei aliquatenus contraire. Si quis autem hoc attemptare presumpserit, indignationem omnipotentis Dei et beatorum Petri et Pauli apostolorum ejus se noverit incursurum.

Datum Verul(is), XIII kalendas augusti.

1. Vidimus de Franç. du Puy, official de Valence (1487), f° 3 (n° IX). Copies dans EUSEBI, *Repert.*, p. 301 ; OLLIVIER (J.), *Cart. de St-Ruf*, f° 62 (extraite de l'original en parchemin avec le sceau pendant, ce 3° déc. 1702) : *Arch. hist. du Dauph.*, t. XV, f° 188 (ex litteris originalib. ecclesie S^ti Ruffi). Cff. EUSEBI, pp. 71 et 81 ; JAFFÉ, *Reg. pont. Rom.*, ed. 2ª, n° 11819.

XLIV. · *16 décembre (1170-2)* [1].

Alexandri papæ III bulla originalis directa (Roberto ?) Vivariensi episcopo, incipit : « Cum religiosos viros et eorum loca et ordinem ex pontificatus officio debeas sincere diligere et ab eorum gravamine alios coercere verbo et exemplo », etc. Datum Tusculani, 17 kalendas januarii ; ubi ait : « Miramur plurimum quod dilectos filios nostros fratres Sancti Rufi super ecclesia Sancti Andeoli pro tue voluntatis arbitrio dicaris contra nostram sententiam... Sane cum super eadem ecclesia controversia verteretur, inspectis rationibus hinc inde, de fratrum nostrorum consilio, predictam ecclesiam cum omnibus bonis et possessionibus suis adjudicavimus fratribus memoratis. Decrevimus etiam prescriptam ecclesiam sub religione et obedientia et subjectione Sancti Rufi perpetuis

temporibus permansuram ». Inde ait quod, licet capitulum
Vivariense probare posset jus fundi, uec tamen propter hoc
ab obedientia et dispositione Sancti Rufi esset aliquatenus
eximenda... « Ceterum, ut accepimus, sententiam non obser-
vas », etc. « et contra antiquam et laudabilem consuetudinem Sancti Rufi per abbatem ipsius priorem in ea institui
contradicis. Presbiteri etiam capellarum et aliarum ecclesiarum, que sunt infra parochiam Sancti Andeoli constitute,
ipsius parochianos ad officia quotidiana recipiunt, visitant
infirmos et contra voluntatem canonicorum ministrant eis
ecclesiastica sacramenta » ; denique ei præcipit auctoritate
apostolica juxta instare exigentiam rei.

1. Analyse fournie par Eusebi, *Repert.*, p. 87, B, nᵒ 24.

XLV.   1171.

(Donatio filii Raimundi Garcini ecclesiæ de Mandolio) [1].

A nno ab Incarnatione Domini M.C.LXXI, ego Raimundus
Garcinus dono et offero D[omin]o Deo et Sancto Rupho
filium meum Raimundum in canonicum, et dono eidem filio meo jure institutionis et omni conventui prefate
ecclesie, et proprie et nominatim tibi Poncio Bremundo,
priori ecclesie de Mandolio, et omnibus successoribus tuis
unum stare in civitate Nemausi, quod confrontatur ab oriente
in muro civitatis, a circio et occidente in stari Petri Raimundi et suorum coheredum, a meridie in stari Marie de
Garricis. Hoc stare dono vobis cum exitu et introitu et cum
lit... eidem. fricargis que sunt circa et cum femoraz qui est
ante portam, et dominium, et VIII. denarios de censu ad
festum Sancti Michaelis et XVI. denarios de muda ; et
omne hoc quod habeo in stare quod Petrus Guiraldus et
Bernardus de Monte Oliu tenent de me in civitate Nemausi,
et similiter totum hoc quod habeo in terra quam tenet de me
ad meiariam, pro qua dat XIIᶜˡᵐ numos Guilelmus Forne-
rius. Et pro hac donatione habui a te jamdicto priore CCCC.
LX.VII. solidos Melgorienses ; et promitto vobis quod predictum honorem perpetuo vobis defendam et jure tenere fa-

ciam, et si filius meus diabolico monitu vel aliqua occasione vel voluntate sua ab ordine vestro recesserit, predictus honor sit vester in perpetuum. Hujus rei sunt testes : Petrus Garcinus, Petrus de Cabreriis, Guiraldus Treila, Petrus de Olobrega, Johannes Blanch(e)rius, Petrus Guiraldus, Poncius Treila, Poncius Borgoinus, Siguinus, Bertrandus Arnaldus, Guil(elmus) de Claustro, Petrus de Agarna. Petrus Petiti scripsit, mandatus ab utraque parte.

Item ego Raimundus Garcinus promitto vobis, quod si quid jure in predicta donatione perdideritis, vobis sine vestro inganno restituam ; et de hoc do vobis fidejussores : Petrum Aldebertum et Ugonem de Brascha, qui per stipulationem se fidejussoria cautione astrincxerunt hoc modo. Ego Petrus Aldebertus et ego Ugo de Brascha sumus fidejussores tibi Poncio Bremundo et omnibus canonicis Sancti Ruphi, presentibus et futuris, quod si quid evictum fuerit de predicto honore, vobis restituemus ; et propter hoc obligamus vobis omnia bona nostra. Hujus promissionis et horum fidejussorum sunt testes : Johannes Blancherius, Petrus de Caprariis, et Petrus et Bernardus ejus filii, Guil(elmus) de Agarna, Arnaldus de Curia, Guil(elmus) Centeoila, Guil(elmus) Iago. Et ego Aldebertus, Nemausensis ecclesie episcopus [2], a quo predictum stare et locus pro femoraz tenetur, predictam donationem laudo et confirmo R(aimundo) abbati Sancti Ruphi et tibi Pontio Bremundo, et omnibus canonicis presentibus et futuris Sancti Rufi : salvo dominio episcopi. In presentia Bernardi de Figeria, Poncii Guil(elmi), Guil(elmi) Elias et Petri ad Saü, canonicorum, Johannis Blancherii, Poncii de Sancto Juliano, Ugonis de Brascha, R. Garcini.

Aliam cartam habet episcopus non sigillatam.

1. Original parch. de 21 lig.; trace de sceau sur grosse lanière de cuir.

2. Aldebert d'Uzès, évêque de Nîmes de 1141 à 1180 (*Répert.*, c. 16).

XLVI.   *8 juillet (1171-2).*

(ALEXANDRI III PAPÆ PRIVILEGIUM DE ORDINATIONE CLERICORUM, ETC.) [1].

ALEXANDER episcopus, servus servorum Dei, dilectis filiis
R(aimundo) abbati et fratribus Sancti Ruffi, salutem
et apostolicam benedictionem. Quociens a nobis requiritur quod a religione vel honestate discordare non videatur,
animo nos decet libenti concedere et justis petencium desideriis effectum congruum indulgere. Ea propter, dilecti in
Domino filii, vestris justis postulacionibus gratum impercientes assensum, apostolica auctoritate statuimus ut vos et
concanonici vestri, qui in ecclesiis vobis subdictis commoran-
tur, crisma, oleum sanctum, consecraciones altarium seu
basilicarum, ordinaciones clericorum qui ad sacros fuerint
ordines promovendi, a diocesano suscipiatis episcopo : siquidem catholicus fuerit et graciam atque communionem apostolice sedis habuerit, et ea vobis gratis et absque pravitate
voluerit exhibere ; alioquin liceat vobis quemcumque volueritis catholicum adire antistitem, qui nostra fretus auctoritate vobis quod postulatis indulgeat.

Datum Tuscul(ani), VIII. idus julii.

1. Vidimus de Franç. du Puy (1487), f° 3 (n° x). Copie dans Eusebi,
Repert., p. 301-2. Cf. JAFFÉ, *Reg. pont. Rom.*, ed. 2ᵃ, n° 12091.

XLVII.   1172.

CARTA DE DECIMIS VINEARUM QUAS DEBEMUS CANONICIS SANCTI FELICIS [1].

EGO frater Ugo, Sancti Felicis prior dictus, et humilis
ejusdem ecclesie conventus tam ad presentium quam
futurorum noticiam transmittere volumus, quod uno
consilio et pari consensu fratrum et amicorum nostrorum
inter nos et domnum abbatem et fratres Sancti Ruphi facta
est conventio talis : quod videlicet in vinetis Lamberti Ma-
rascalci et vineis Johannis Pagani et Aliphanti et Boneti
Rotgerii eisdem vinetis contiguis, que idem fratres jure sunt

emptionis adepti, per singulos annos duas asinatas et dimidiam vini pro decimis ecclesie nostre persolvant : quibus de pacto semper contenti esse debemus. Ut igitur deinceps a supradicta conventione omnimoda questio et ambiguitas removeatur, ejusdem territorii m[eta]s presenti pagina duximus adnotandas : a parte orientali idem territorium in alveolo de Charomb terminatur, a parte septemtrionali in vinea Valentiani et Petri de Podio, a meridie in olchia Benedicte et in publica via de Faventinis, a parte occidentali in vinea Lamberti Sancti Nazarii et domine Benestantis. Factum est hoc anno Incarnationis Domini M°C°LXX°IJ°, in presentia domni Odonis Valentini episcopi, et Berenguarii de Borna et Eldenonis, canonicorum ejusdem ecclesie sibi assistentium, et Bartholomei capellani episcopi, canonici Sⁱ Felicis, et domni abbatis et prioris Sⁱ Ruphi, et magistri Stephani, c(anonic)i Sⁱ R(uphi), et Guillelmi Geraldi et Lamberti de S° Nazario, et magistri Alliardi et Willelmi Boliardi, et Petri Martini et quorundam aliorum canonicorum nostrorum, et Davidis Caballarii. Ut igitur presens pagina rata semper et firma permaneat, eandem sigilli nostri impressione omnium fratrum nostrorum consilio munivimus. Et ego Odo Valentinus episcopus, que superius memorantur nota semper et certa fieri volens, sigilli mei munimine eandem cartam corroboravi.

1. Original parch. de 27 lig., avec trace de deux sceaux, dont il reste une lemnisque. Cf. *Invent. de St-Félix*, f° 48, n° 252.

<hr>

XLVIII.   *20 août 1172* [1].

A. 1172, 13 calendas septembris, Raimundus abbas, Ademarus prior et canonici S. Rufi recipiunt a Durando de Romanis, qui habebat uxorem conversam S. Rufi, terram et vineas in Faventinis, et 300 solidos in vargeria David Caballarii, scilicet in pratis et 2 petiis terræ, retento usufructu vinearum in vita dicti Raimundi (= Durandi), qui fatetur habuisse a S. Rufo 520 solidos, etc. « Actum in cimiterio S. Rufi, juxta parietem capituli, in presentia d. Odonis episcopi Valentini. »

1. Analyse fournie par Eusebi, *Repert.*, p. 387, cap. XII, n° 11.

XLIX. *(1173-).*

DE DIFFINICIONE FACTA INTER ECCLESIAM SANCTI APOLLI-
NARIS EF ECCLESIAM SANCTI FELICIS, UT ALTERA TENE-
MENTA ALTERIUS SIBI RELICTA INFRA ANNUM VENDAT [1].

NOVERINT omnes ad quorum manus presens cartula per- A
venerit, quod Lanbertus decanus et canonici ecclesie
Valentine convenerunt V(gonem) Gauterii, priorem
Sancti Felicis, de quibusdam tenementis que in dominio eorum ecclesia Sancti Felicis aquisierat, eo quod ecclesie et B
loca religiosa in dominio eorum nichil possidere deberent; .
set si aliquorum largitione possessiones de dominio illorum
supradictis locis darentur, ad eorum commonitionem infra C
annum alienare deberent. Quibus prior Sancti Felicis res-
pondebat eodem jure ecclesiam Valentinam uti debere in illis
possessionibus que eis in territorio Sancti Felicis relinque- D
bantur, et tamen vineam quam Armannus de Saisolio pro
die anniversarii eis reliquerat, spreta eorum denuntiatione,
alienare postponebant, nec ad hoc eos conpellere debebant E
quod ipsi observare nolebant. Hac utique controversia inter
eos habita, hujus litis decisores ab utraque parte electi
sunt Eldeno, Disderius, Durandus, qui ita statuerunt, ut F
prior Sancti Felicis supradicta tenementa statim alienaret
et ecclesia Sancti Apollinaris supra dictam vineam statim
post obitum cantoris : ante enim non poterat, cum hoc judi-
cium defuncti fuisse diceretur, ut cantor in vita sua eam pos- G
sidere deberet ; et hoc ab utraque parte conlaudatum est et
ad futurorum noticiam sigillo Sancti Apollinaris corrobo-
ratum. Actum est hoc in domo decani, ipso presente, et H
Aimo cantore et Ricone de Stella et Amblardo et W. de
Vaesc et Ugo de Stella et W. de Livrone et Girardo sacrista et Duranto et Pontio Benedicto et Odilone. I

1. Original parch. de 14 lig., avec trace de sceau sur lemnisque.

L. 1174.

QUOD CANONICI S(ANCT)I R(UF)I
NON DENT PEDATICUM PER TERRAM PREPOSITI VALENTINI,
ANNO DOMINI M.C.LXX.IIIJ [1].

NOVERINT omnes tam presentis quam futuri temporis quod ego Eustachius, Valentinus prepositus, dedi et concessi pro remedio anime mee Deo et ecclesie Sancti Rufi, ut ejusdem ecclesie fratres per terram meam et flumina liberum semper et absque omni pedagii exactione transitum habeant in adducendis sive subvehendis annonis, lignis et universis predictorum fratrum victui et ecclesie necessariis. Ut autem hec donatio firma semper habeatur, presentem cartam sigilli mei inpressione munire feci.

1. Original parch. de 5 lig. 1/3, grosse écriture, sans abréviations; trace de sceau sur lanière de cuir. Copie dans OLLIVIER (J.), Cart. de St-Ruf, f° 103. Cf. EUSEBI, Repert., p. 83.

LI [1]. 6 mai 1178.

A. 1178 Vuilelmus de Clerieu, abbas S. Felicis Valentiæ, laudat Guilelmo abbati et ecclesiæ S. Rufi duas vineas, vocabulo in Chambalussa, emptas ab abbatibus S. Rufi, prædecessoribus suis, de feudo abbatiæ S. Felicis, sub censu 12 denar. et 1 saumatæ vini; item confirmat totum tenementum Durandi de Romanis, in territorio quod dicitur Faventinas, sub censu 2 solid. et 2 saumatarum vini; et a(c)quiescit pro grangia et ejus appendentiis, possessis ab ecclesia S. Rufi. Cum sigillo dicti abbatis S. Felicis.

1. Analyse fournie par EUSEBI, Repert., p. 388, cap. XII, n° 13. Cf. Inventaire de 1768, arm. 6, vol. 2, n° 1 bis.

LII.   *16 mai (1778-9).*

PRIVILEGIUM (APOSTOLICUM PRO ECCLESIA S^l FELICIS) [1].

ALEXANDER episcopus, servus servorum Dei, dilectis filiis Hugoni priori et conventui Sancti Felicis, salutem et apostolicam benedictionem. Si quando a nobis petitur quod religioni et honestati conveniat, animo nos decet libenti concedere et petentium votis congruum suffragium impertiri. Eapropter, dilecti in Domino filii, vestris justis postulationibus annuentes, ecclesiam vestram sub beati Petri et nostra protectione suscipimus, statuentes ut quascumque possessiones, quecumque bona eadem ecclesia inpresentiarum juste et canonice possidet, aut in futurum justis modis, prestante Domino, poterit adipisci, firma vobis vestrisque successoribus et illibata permaneant: specialiter autem ecclesiam de Insula, cum appenditiis suis; ecclesiam de Cozau, cum appenditiis suis; ecclesiam de Montilisio, cum appenditiis suis; ecclesiam de Castro Duplo, cum appenditiis suis; ecclesiam de Alamenc, cum appenditiis suis; pascua, census et decimas, quas a longo tempore per terminos abbatie vestre recipere consuevistis, canonice vobis concessas, sicut eas ecclesia vestra juste possidet et quiete, vobis et per vos eidem ecclesie auctoritate apostolica confirmamus. Preterea sententiam quam bone memorie Humbertus, quondam Viennensis archiepiscopus, apostolice sedis legatus, et Hu(go) Gratiopolitanus episcopus, de mandato felicis memorie Eugenii, patris et predecessoris nostri, super controversiis que inter ecclesiam vestram et Saonenses canonicos de libera electione substituendi prioris in ecclesia vestra, sicut rationabiliter lata est, nichilominus auctoritate apostolica confirmamus et presentis scripti patrocinio communimus. Aditientes ut tu, fili prior, et successores tui potestatem habeatis in eadem ecclesia per manus impositionem canonicos benedicendi; liceat quoque vobis clericos et laicos a seculo fugientes liberos et absolutos, absque alicujus contradictione, ad conversionem recipere et in vestra ecclesia retinere. Sepulturam pretered ejusdem loci liberam esse decernimus, ut eorum devotioni et extreme voluntati, qui se illic sepeliri deliberaverint, nisi forte excommunicati vel interdicti sint, nullus obsistat : salva tamen justitia illarum ecclesiarum a quibus mortuorum corpora assumuntur. Nulli ergo omnino hominum liceat hanc paginam nostre protectionis, confirmationis seu constitutionis infringere vel ei ausu temerario contraire. Si quis autem hoc attemptare presumpserit, indignationem omnipotentis Dei et beatorum Petri et Pauli apostolorum ejus se noverit incursurum. Dat(um) Lateran(i), xvij. kalendas junii.

1. Original parch. de 19 lig., avec bulle de plomb pendante sur lacs de soie jaune. Cff. *Invent.*, fᵒ 25ᵇ ; JAFFÉ, *Reg. pont. Rom.*, ed. 2ᵃ, nᵒ 13265.

LIII. *(XIIᵉ siècle).*

(STATUTA DOMUS SANCTI FELICIS) ¹.

HEE sunt institutiones que in domo Sancti Felicis servari debent et servabantur sub domno Ugone Galterii, qui ecclesiam Sancti Felicis per xxᵘ vᵉ annorum spatium rexit. Tunc omnes uno vestiario vestiebantur, et uno cellario pascebantur et in uno refectorio reficiebantur. In ecclesia, in refectorio et in dormitorio silentium servabatur ; set si alicui necessarium erat loqui, submissa voce, brevibus verbis loquebatur, ita ne scandalum fieret fratribus. Ab ydibus septembris usque ad Pascha silentium servabatur in claustro usque ad terciam. Omni die omnes in capitulo conveniebant, mane et vespere. In matutino capitulo recitabatur tabula sequentis diei ; [deinde] si quis in aliquo diliquisset, ibi emendabatur. Si delinquens ultro confitebatur peccatum suum, si veniale erat, prior libero arbitrio satisfactionem dabat ; si crimen, ut est furtum vel incontinentia vel tale aliquid, cum capituli consilio prior satisfactionem injungebat. Si delinquens peccatum suum celare volebat, sacrista vel aliquis de senioribus, quibus peccatum innotuerat, eum accusare debebat ; si accusatus negabat, tunc adhibebantur testes. Postea, cum capituli consilio, prior emendatoriam imponebat sententiam ; et si contingebat quod eum nullus accusare vellet de publico crimine vel privato, prior eum accusabat, dicens tamen non esse suum accusare simul et judicare : set ad taciturnitatem aliorum melius est ipsum priorem accusare peccantem, quam impunitum dimittere. Hoc numquam vidimus quod accusatus de publico ad objecta non responderet. In privato accusatus potest respondere, licentia prius a priore impetrata. Post capitulum unusquisque ad necessarium recurrebat opus, set nullus exibat extra portam absque licentia, excepto sacrista et procuratore: isti possunt absque speciali licentia villam intrare vel ad grangiam pergere pro necessitate domus. In vespertino capitulo tractabatur tantum de his que ad ecclesiam pertinent, et de anniversariis defunctorum. Post completorium cum silentio dormitorium petebamus ; jacebamus indutis camisiis, et braccis et trabuccis. Post matutinas per totum annum ad lectos revertebamur. A Pascha usque ad ydus septembris, post prandium dormitorium petebamus. A Pascha Domini usque ad ydus septembris licet nobis bis in die manducare, nisi in solempnibus jejuniis. Ab idibus septembris usque ad Pascha semel tantum in die comedere debemus, exceptis diebus dominicis et festivitatibus et octabis. In die dominica et feria iij* et v* carnes comedimus ; a Septuagesima usque ad Pascha quadragesimalibus utimur cibis. Cum priore vacat nostra domus, unus de prioribus exterioribus, qui tamen sanioris erit consilii, et sacrista Sancti Felicis [preesse] debent nobis. Cum de prioris electione tractamus, ad primum electores eliguntur iij vel v*, et illi fideliter promittunt se electuros quem utiliorem credunt domui disponende. Postea singillatim omnes consulunt. E......... electo, omnes ei in capitulo promittunt obedientiam, secundum regulam sancti Augustini, et omnes priores exteriores, procurator et sacrista procurationes suas ab eo accipiunt. Prior debet esse sacerdos, quia cum de sacerdotis............. diem aut superior aut equalis, et debet secundum confessiones audire et satisfactiones dare ; ipsis etiam Corpus et Sanguinem Xpisti tradere, pro ut judex de animabus eorum rationem redditurus. In ecclesia, in................., cui semper preesse debet, nisi instanti evidenti necessitate. Et hoc scimus quod supradictus prior domnus Ugo Galterii semper in dormitorio jacebat et se......... damus etiam universis horis poterunt even............

t. Insérés dans la ch. LXXXIV. Ces statuts sont postérieurs au décès du prieur de St-Félix, Hugues Gautier, lequel figure pour la dernière fois dans la charte précédente.

LIV. *Juin 1178.*

CARTAM *(sic)* VENDICIONIS VICARII [1].

QUONIAM, lubrico labente memorie, qui inter mortales iniuntur contractus aut ex toto oblivioni traduntur, aut ab adversariis secus quam fiant calumpniose negantur aut in contrarium astruuntur, ideo utile fore videtur initi formam contractus scripturis declarari, ne veritatis vestigium temporum prolixitate aut calumpniantium malitia a presentium memoria decidat aut posterorum noticie non innotescat. Quocirca per presentis scripti paginam notum fiat, tam presentibus quam futuris, quod ego Petrus de Auriolo, vices filii mei Petri de Auriolo, Valentini vicarii, agens, utilitatibus quoque ipsius providens et necessitatibus occurrens, cum ipse propter etatis lubricum ad propria peragenda negotia non sufficiat, vendo nomine ejusdem et in perpetuum trado ad habendum et quiete possidendum ecclesie Sancti Rufi et tibi, domno Guillelmo, ejusdem ecclesie abbati, et successoribus tuis quicquid predictus vicarius vel alius per eum vel ab eo habet vel habere videtur, et quicquid Guillelmus Bertrandi, nepos Olivarii quondam Valentini vicarii, habet vel habere videtur in territorio quod dicitur Gisaias, intra viam que ducit ad castrum quod dicitur Mons Veneris et viam que dicitur Crestesa, et extenditur versus oriens et austrum usque ad nemus episcopi et canonicorum Valentinorum quod dicitur Chastanetum, scilicet decimas, taschas, annuos census tam nummorum quam fructuum, agros quoque et nemora, et quicquid prorsus cultum seu incultum predictus vicarius P(etrus) de Auriol et memoratus Guillelmus Bertrandi vel alius per eos vel ab eis habet vel habere videtur in predicto territorio, nichil juris, proprietatis aut possessionis infra predictos terminos retinentes.

Hanc itaque venditionem facio nomine memorati vicarii, auctoritate et assensu domini ODONIS Valentini presidis et episcopi, voluntate quoque et assensu W(illelmi) Pictavensis, ad cujus feudum res predicte noscuntur pertinere, volente quoque et faciente predicto W(illelmo) Bertrandi, et quicquid prorsus juris aut possessionis infra predictos terminos habet vel habere videbatur donante et transferente in ecclesiam memoratam Sancti R(ufi) et in domnum

W(illelmum) ejusdem ecclesie abbatem. Quam utique venditionem non alia de causa, sed pro sola necessitate, scilicet pro exhonerando debito predicti vicarii, pro expensis necessariis et utilibus in vicaria factis, obligati facio. Pro his autem rebus, nomine predicti vicarii, accipio in pretium ab ecclesia Sancti Rufi sex milia solidorum Valentine monete, minus sex libras, ex quibus solvo nomine sepedicti vicarii, auctoritate domini O(donis) memorati Valentini presidis et episcopi, duo milia solidorum Lamberto de Sancto Nazario et Rai(mundo) Augerio et Aldeberto, quibus memoratus vicarius pro vicaria fuerat obligatus; solvo etiam W(illelmo) Pictavensi mille et centum solidos, pro laudamento prestando hujus venditionis; solvo etiam DCCCC. solidos domino O(doni) Valentino presidi et episcopo, pro prestanda auctoritate huic venditioni; solvo quoque ecclesie Sancti Rufi CCCCLVI solidos, pro quibus pars predictarum rerum eidem ecclesie fuerat obligata; solvo etiam L. solidos Ugoni de Stella, pro quibus tascha unius terre supradicti territorii eidem fuerat obligata; solvo etiam ecclesie Sancti Apollinaris CCCC. solidos et Petro Ugoni de Cruzol DCCCC.XXVIIII solidos, pro quibus furnus et molendinum vicarie eisdem fuerant obligata; (solvo etiam) Templariis XLV. solidos, pro quibus pars predicte venditionis eisdem fuerat obligata. Hee autem solutiones omnes facte sunt auctoritate et assensu domini O(donis) Valentini presidis et episcopi. Hanc itaque venditionem ego predictus P(etrus) de Auriolo juro super sacrosancta Evangelia me sine fraude et dolo perpetuo observaturum; juro etiam me, aut alium nomine meo aut voluntate aut mandato aut alio quoquo modo, nullo tempore venturum in contrarium, aut aliquod impedimentum quiete possessionis prestaturum aut prestanti aliquo modo consensurum: sed pro posse meo restiturum omni contra hanc venditionem venienti, aut ecclesiam S(anct)i R(uf)i pro hac venditione inquietanti aut quietam possessionem rerum predictarum turbanti. Jurans quoque aditio quod, si ego vel alius nomine meo aut voluntate aut mandato aut alio quocumque modo contra hoc venerit, aut predictam ecclesiam pro hac venditione inquietaverit aut quietam possessionem turbaverit, me tamdiu futurum obsidem intra IIII^{or} portas Valentie, donec ecclesie S(anct)i R(uf)i et abbati et conventui pro tempore ibidem existenti plenarie satisfactum fuerit. Juro etiam quod si aliquis de predicta venditione pusillum vel magnum evicerit, ego ea fretus auctoritate qua et venditionem istam facio, de rebus ejusdem vicarie, arbitrio domini O(donis) Valent(ini) presidis et episcopi et P(ontii) Algisii, vel si aliquis vel uterque eorum deesset, arbitrio boni viri ejusdem bonitatis, concambium cum ecclesia S(anct)i R(uf)i faciam rei evicte. Juro etiam quod cum filius meus P(etrus) de Auriol, Valentinus vicarius, nomine cujus venditionem istam facio, ad pubertatem venerit aut si ante pubertatem ipse decederet alius qui ei succederet, hanc venditionem predicto modo ratam habebit et sacramento predicto firmabit; quod si aliqua occasione facere recusaverit, predicte pene subjaceam. Quod si ego de rebus humanis essem exemptus aut si adhuc vivens predictum sacramentum servare recusarem, pro eodem observando infra predictos terminos obsides constituo, qui eodem sacramento astricti tenentur, Bertrandum de Stela et W. de Jubiano; fidejussores quoque pro eodem pacto observando constituo dom. O(donem) Valentinum presidem et episcopum, W(illelmum) Pictaviensem, Ademarum de Stela, W(illelmum) de Stela.

Ego Odo, Valentinus preses et episcopus, utilitates pariter et necessitates predicti vicarii in hac venditione cognoscens, eam laudo et confirmo, eique plenam auctoritatem de officio presidali tribuens, presentem paginam proprio sigillo munio et contra quempiam ecclesiam Sancti Rufi pro hac venditione inquietantem me defensorem et protectorem promitto. Facta est hec venditio, anno ab Incarnatione Domini M°.C°. LXX°VIII°, mense junio, in presentia dom. O(donis) Valentini presidis et episcopi, in domo ejusdem. Testes sunt: domnus Ademarus Saonensis abbas [2], Giraldus Grassus procurator et Giraldus camerarius ecclesie Sancti Rufi, Pontius de Sancto Romano, prior Sancti Jacobi de Valentia, Petrus de Tornon, Pontius Algis, Esdras, Ugo, Falco de Doennai, presbiteri et canonici Sancti Rufi, Ugo de Stela, Eudo, canonici Sancti Apollinaris, Eustachius Valentinus prepositus, W(illelmus) Pictavensis, Ademarus de Stella, W(illelmus) de Stella, Eustachius de Alexiano, Lambertus de Sancto Nazario, Raimundus Otgerii, Aldebertus Otgerii.

1. Original parch. de 39 lig. 1/2, grosse et belle écriture; trace de sceau sur lacs de soie rouge. Copie du XVI⁰ siècle. On remarquera les précautions multiples pour rendre inéluctables les conséquences de cette vente.

2. Adémar était bien abbé de Saou en 1178 (non 1158).

LV. *11 juin (1178-9).*

PRIVILEGIUM ALEXANDRI PAPE SUPER INQUIETANTES DONO UTGERII [1].

ALEXANDER episcopus, servus servorum Dei, venerabilibus fratribus R(oberto) Viennensi archiepiscopo, apostolice sedis legato, et O(doni) Valentinensi episcopo, salutem et apostolicam benedictionem. Ex parte dilectorum filiorum [nostro]rum prioris et canonicorum Sancti Felicis ad apostolatus nostri presentiam querela pervenit, quod cum Otgerius se et hereditatem suam ecclesie Sancti Felicis pia devotione donasset, nunc nepotes ejus et nobilis vir abbas W(illelmus) de Claireu eandem ecclesiam super prenominata hereditate contra justiciam inquietare non cessant. Quoniam igitur pro nostri officii debito ipsam ecclesiam in suo jure defensare tenemur, f[ratern]itati vestre per apostolica scripta mandamus, quatinus memoratos viros studiosius ammonere curetis ut ab ipsius infestatione desistant : quod si facere forte noluerint, eos et complices eorum, nullius contradictione vel appellatione obstante, per excomunicationis sententiam compescatis ; et si nec sic resipuerint, in terris ipsorum quamdiu presentes fuerint divina prohibeatis officia celebrari. Si tamen adversus ecclesiam aliquid se asserunt questionis habere, sub vestro examine ordini judiciario poterunt experiri. Datum Laterani, iii. idus junii.

1. Original parch. de 11 lig., trace de bulle sur lacs de soie jaune. Cf. JAFFÉ, *Reg.*, *pont. Rom.*, ed. 2ª, nº 13269.

LVI. *1ᵉʳ février 1180.*

(PRIVILEGIUM DE ECCLESIIS PARROCHIALIBUS) [1]

ALEXANDER episcopus, servus servorum Dei, dilectis filiis (Willelmo) abbati et fratribus Sancti Ruffi, salutem et apostolicam benedictionem. Apostolice sedis auctoritas nos inducit et debitum postulat caritatis, ut tanto libencius vestris utilitatibus intendamus, quanto ecclesia vestra magis noscitur religione vigere. Hac igitur consideracione racionis inducti, presencium vobis auctoritate duximus indulgendum ut, si quando ecclesias vestras parrochiales, in quibus tres vel quatuor canonici moram faciunt, presbiteris vacare contigerit, liceat vobis unum ex fratribus vestris canonicis eligere et episcopo presentare, a quo curam recipiens animarum, episcopo de spiritualibus, vobis vero de temporalibus et ordinis observancia debeat respondere. Nulli ergo hominum liceat hanc paginam nostre constitucionis infringere... Si quis autem... Datum Velletri, kalendis februarii.

1. Vidimus de Franç. du Puy, official de Valence (1487), f⁰ 3ᵃ (nᵒ xɪ). Copie dans EUSEBI, *Repert.*, p. 302. Cff. idem, p. 71 ; JAFFÉ, *Reg. pont. Rom.*, éd. 2ᵃ , nᵒ 13603.

LVII.   *28 mars 1181.*

(PROHIBITIO APOST. INTERDICTI VEL EXCOMMUNICATIONIS) [1].

ALEXANDER episcopus, servus servorum Dei, dilectis filiis Willelmo abbati et canonicis Sancti Ruffi, salutem et apostolicam benedictionem. Ex officio summi pontifficatus, quod nobis est superna dispensacione commissum, loca religiosa specialius tenemur diligere et ea contra malignorum hominum insolenciam pastorali sollicitudine deffensare. Hac igitur consideracione racionis inducti et vestris justis postulacionibus inclinati, auctoritate presencium districtius inhibemus, ut nullus ecclesias vestras vel personas, absque summi pontifficis vel ejus legati audiencia, interdicere vel excomunicare presumat. Nulli ergo omnino hominum liceat hanc paginam nostre prohibicionis infringere vel... Si quis autem... Datum Tusculani, v. kalendas aprilis.

1. Vidimus de Franç. du Puy (1487), f⁰ 3ᵃ (nᵒ xɪɪ). Copie dans EUSEBI, *Repert.*, p. 302. Texte impr. dans *Gallia Christ.* nova, t. XVI, instr. c. 108 (c. 1080). Cff. EUSEBI, p. 71 ; JAFFÉ, *Reg. pont. Rom.*, éd. 2ᵃ , nᵒ 14385.

LVIII.   1184.

(CONCORDIA INTER CANONICOS
SANCTI RUPHI ET ABBATISSAM SUBDIONIS) [1].

OMNIBUS tam presentis quam futuri temporis hominibus
notum sit et manifestum, quod cum canonici Sancti
Ruffi ecclesiam de Insula Subdionis, cum pertinentiis
suis, de manu domini Odo(nis) Valentinensis episcopi susce-
pissent et posside(re)nt, et hoc [2] cum consensu et voluntate
canonicorum de Insula Sancti Valerii, quod e(am) tunc temporis administrabant et possidebant, abbatissa et domine [3]
Subdionis supra ipsa ecclesia eisdem canonicis, videlicet
S[ti] Ruffi, calumniam fecerunt, plurima gravamina, vexatio-
nes et damna inferentes. Tandem post [4] multarum utriusque
partis querelarum inquietudines et disseptationum alterca-
tiones, mediantibus viris [5] prudentibus et sapientibus, ad
hoc res deducta pervenit quod omnis querela et controversia,
que de una ad aliam eccle:iam tunc temporis proponebant
vel proponi poterant, sub amicabili compositione penitus
sopita quievit, eo videlicet tenore quod dom. venerabilis
abbatissa Subdionis et sui conventus universalitas omnem
querimoniam et calumniam quam adversus ecclesiam S[ti]
Ruffi proponebant omnino postponentes [6], ecclesiam de
Insula cum pertinentiis suis, nominati(m) ea que ipsarum
nomine possidebat, juxta modum annuali censu [7] antiquitus
impositum, dom. Guillermo abbati S[ti] Ruffi et ecclesie sue
in perpetuum habenda landaverunt et concesserunt, et presentem cartam sigillo suo muniri fecerunt. Abbax et canonici S[ti] Ruffi, cunctam injuriam ab eisdem sibi illatam omnino
remittentes, quosdam terrarum reditus quos jam dicte
domine Subdionis fratribus de Insula impigno(ra)verant pro
ducentis solidis, eisdem liberos dimiserunt et juxta pristinam
consuetudinem debitum censum et decimas ex eis se reddi-
turos et, excepta familia sua et grangiariis suis, nullum de
parrochianis illarum ad sepulturam suscipere compromiserunt: illud [8] etiam adjicientes, quod terras que sunt de dominio dominarum Subdionis, id scilicet canonici S[ti] Ruffi
emere vel acquirere absque illarum voluntate non debebunt;
quod si titulo donationis sive pignoris aliquid horum acquisiverint, vendere debebunt. Hec omnia abbas et canonici

Sⁱⁱ Ruffi se observaturos compromiserunt et ad hujus rei [9] notitiam presenti carte sigillum suum impresserunt; denique ex consensu utriusque partis conspectui dom. Odonis Valentinensis episcopi hinc inde se presentantes, amicabilem compositionem inter se factam perhibuerunt [10], rogantes ut eam authoritate sua confirmaret et sigilli sui munimine corroboraret; ipseque utrorumque satisfactiens peticioni, compositionem laudavit et confirmavit, et hanc compositionis cartam sigilli sui impressione signavit. Actum est hoc anno ab Incarnatione Domini M.C.LXXXIIII, in presentia dom. Odonis Valentinensis episcopi et Guillermi abbatis Sⁱⁱ Ruffi et canonicorum suorum Poncii Augicii, prioris majoris, et dom. prioris claustralis, et magistri Guillermi et Petri [11] de Tornone, et Girardi et Falconis camerarii, sacerdotum, et Armanni subdiaconi; et venerabilis abbatisse Subdionis et monacarum suarum : Aygline sacriste et Nasare, Annetis de Crest, Severe, Guillerme de Alessa, Aurose, Largantis, Largere, Bernarde, Guillerme de Mota, Delphine, Anne, Marguerite, Selenne, Donnos, Austorgie. Cum his etiam presentes fuerunt et testes Guigo de Sancto Romano, prior de Burgo, magister Senioretus, Imbertus de Monte Veneris archipresbyter, Lambertus Estienne, Imbertus de Vernas, Guarnerius, Pontius Rotrus.

1. « Extrait tiré d'un parchemin, ou a un seau pendant, estant dans les archives du chapitre de l'abbaye de Sⁱ Ruf de Valence, exibé... par Mᵉ André de Serre, chanoine chamarier et sindic... ce 12ᵉ may 1673 ». Texte impr. dans *Gallia Christ.* nova (1865), t. XVI, instr. c. 109-10 (d'après cette copie).
2. Ms. *et h. et.* — 3. Ms. *domina.* — 4. Ms. *per.* — 5. Ms. *juris.* — 6. Ms. *proponentes.* — 7. Ms. *manuali sensu.* — 8. Ms. *illis.* — 9. Ms. *r. et.* — 10. Ms. *proh-t.* — 11. Ms. *Petrus.*

LIX.   *Mai 1184.*

(CONCORDIA CUM BAJULO COMITIS VALENTINENSIS) [1].

UNIVERSIS hec legentibus pateat quod dissentio erat inter fratres S(anct)i R(uf)i et Deusloguart, bajulum domini W(illelmi) comitis Val(entinensis). Dicebat enim Deusloguart quod tascas et omnia que jure dominii habebant in feudo quod emerant a P. de Donnai, ipse debebat congregare jure bajulatus et congregata eisdem fratribus reddere;

asserebat etiam ad jus suum pertinere omnes tascas de miliis et tres pullos gallinarum, et ɪ. fogaciam vel eminam frumenti, quam debet Petrus Seuza a Monte Mairan a la Jarba, et aliam fogaciam vel ɪ. eminam frumenti, quam debent li Vivet et li Cataron pro terris quas habent ad ulmum a la Jarba. Predicti vero fratres non plenarie credebant prefato bajulo, quia cum feudum emerunt, hoc ad jus suum pertinere ignoraverunt. Unde ego W(illelmus) de Pictavo, comes Val(entinensis), ad cujus dominium pertinet predictum feudum, cum utraque pars in presentia mea esset constituta, dolens hanc dissentionem esse inter eos, volui eam sic diffiniri et terminari. Predictus enim bajulus, pro redemptione peccatorum suorum, omnia predicta jura sua, sive qualicumque alio modo habebat vel habere credebat in predicto feudo jure bajulatus, Deo et ecclesie Sⁱ R(uf)i donavit et laudavit in perpetuum. Fratres vero Sⁱ R(uf)i, ejus piam voluntatem considerantes, ipsum et uxorem et filios suos in beneficio suo receperunt et promiserunt quod, cum audirent obitum suum, inter familiares suos eum scriberent et pro eodem orarent. Dederunt etiam eidem duos sextarios frumenti, et duos ordei et eminam ordei, et xx. solidos Val(entinenses). Et ego prelibatus comes, intuitu Dei et pro redemptione peccatorum meorum, laudo et confirmo hanc donationem et impressione sigilli mei presentem paginam corroboro. Acta sunt hec anno ab Incarnatione Domini MᵒCᵒLXXXᵒ.IIIIᵒ, in mense maii, assistentibus W. de Nemauso, W. de Stella, canonicis Sⁱ R(uf)i, P. Bremundi, bajulo predicti comitis, et Juvene Megir.

1. Original parch. de 24 lig. 1/4; fragment de sceau équestre sur lanière de cuir. Cf. Eusebi, *Repert.*, p. 387.

LX. 9 janvier 1185.

(Confirmatio privilegii de ecclesiis parrochialibus) [1].

Lucius episcopus, servus servorum Dei, dilectis filiis (Aimoni ?) abbati et conventui Sancti Ruffi, salutem et apostolicam benedictionem. Justis petencium desideriis facilem nos convenit prebere assensum et vota que a racionis tramite non discordant effectu prosequente complere. Ea

propter, predecessorum nostrorum vestigiis inherentes, auctoritate vobis apostolica indulgemus, ut in ecclesiis parrochialibus que ad vos spectant quatuor vel tres de fratribus
instituere valeatis, quorum unus de manu episcopi animarum
curam recipiat, ut ei de spiritualibus, vobis autem de temporalibus debeat et ordinis observancia respondere. Nulli
ergo omnino hominum liceat hanc paginam nostre confirmacionis infringere... Si quis autem... Datum Verone, v° idus
januarii.

1. Vidimus de Franç. du Puy (1487), f° 3b (n° XIII). Copie dans Eusebi,
Repert., p. 302. Cff. idem, p. 71 ; Jaffé, *Reg. pont. Rom.*, éd. 2ᵃ, n°
15345.

LXI [1]. 1185.

A. 1185, Aimo abbas S. Rufi recipit ab Odone episcopo
Valentino confirmationem vineæ emptæ, pretio xx. marca-
rum, a Pontio de Vacheras, quæ vinea est adjacens clauso
episcopi, etc.

1. Analyse fournie par Eusebi, *Repert.*, p. 387, cap. XII, n° 9.

LXII [1]. 21 mars 1186.

Urbani papæ III bulla directa (Petro ?) abbati et fratribus
S. Rufi ; incipit : « Regularem vitam... Dat(um) Verone, 12
kalendas aprilis 1185 » ; ubi, ad instar Adriani papæ IV,
suscipit sud Romana sede « ecclesiam S. Rufi, in insula que
dicitur Esparveria sitam, in qua divino estis obsequio mancipati », et universas ecclesias ordinis quas nominat, inter
quas « ecclesiam S. Jacobi, S. Rufi sub civitate Tripolitana. » Subscriptus est idem papa et 10 cardinales. « Datum
Verone, per manum Moysis, Lateranensis canonici, vicem
agentis cancellarii. »

1. Analyse fournie par Eusebi, *Repert.*, p. 74. Cf. Jaffé, *Reg. pont.
Rom.*, éd. 2ᵃ, n° 15568.

LXIII. 1186.

(Carta) de terris Rotgerii in Mazzas [1].

IN nomine Domini nostri Jhesu Xpisti, anno Incarnationis ejusdem M⁰.C⁰.LXXX⁰.VI⁰, ego Rotgerius de .Claireu, in bona memoria mea constitutus, intuitu pietatis et misericordie, pro redemptione anime mee, assensu et voluntate domini L(antelmi) Valentini episcopi et Ademari Pictavensis et W(illelmi) de Claireu, fratris mei, Valentini abbatis, dono in helemosinam et concedo Deo et ecclesie Sancti Rufi, et Petro ejusdem ecclesie abbati et successoribus suis mansum de Cortellas, cum pertinentiis suis, apud Liberonem constitutum, ad habendum perpetuo et quiete possidendum, absque mea meorumque suc(c)essorum contradictione et retractatione aliqua, ut prefata ecclesia ab hac die in antea prefatum mansum, cum pertinentiis suis omnibus, sine diminutione aliqua, habeat perpetuo et quiete possideat, et pro voluntate prelatorum suorum disponat ; quod videlicet mansum est penes villam de Massaz, cum territorio suo. Et preterea ego memoratus Rotgerius, pro remedio anime mee, dono et concedo prefate ecclesie, prefato abbati et successoribus suis jus pascendi animalibus et gregibus sive jumentis eorum, in omnibus pascuis meis que habeo in territorio de Vouta usque ad Rodanum. Hanc vero donationem et concessionem ego prefatus Rotgerius laudo et confirmo predicte ecclesie, predicto abbati et successoribus suis sine fraude et deceptione, ad quicquid voluerint faciendum, sicut sanius et melius credi potest et intelligi. Hoc autem factum est in presentia et sub testimonio domni L(antelmi) Valentini episcopi, Ademari Pictavensis, W(illelmi) de Claireu, Valentini abbatis, magistri Senioreti, Poncii Rufi et uxoris ejusdem prescripti Rotgerii, Baldemari et W. prioris Sancti Rufi, Raimundi Biterrite, Poncii Conilli, canonicorum Sancti Rufi, et aliorum quam plurium.

1. Original parch. de 16 lig. Des quatre sceaux jadis appendus à cette charte, il ne subsiste que celui d'Adémar de Poitiers, rond de 55 mill. de diam., équestre, chevalier passant à senestre, armes sur le bouclier : + SIGILLVM · ADEMARI · *comitis* · *ValentINI.*

LXIV. 1188.

(CARTA) DE INSULA SUBTER VALENTIAM [1].

DIGNUM EST ET HUMANE CONGRUIT NECESSITATI, quatinus ea que solemniter inter aliquos acta noscuntur, per scripture noticiam perpetue memorie commendentur, ne super his que quandoque manifesta fiunt, inter posteros temporum diuturnitate ex oblivione litigium generetur. Eapropter ego Falco, Dei gratia Valentine ecclesie dictus episcopus, per presentem cartam sigilli mei impressione signatam, tam presentibus quam futuris notum facio quod cum W(illelmus) de Beldisnar adversus ecclesiam Sancti Ruphi querelas quandoque proponeret, eo quod insula Sugdionensis cum pertinenciis suis ad proprietatem et dominium ejusdem ecclesie Sancti Ruphi translata fuerat, et quod fratres ejusdem insule Sugdionensis in insula de Bolzanis mansionem suam non mutaverant ; tandem utraque parte presente, et hinc inde rationibus et allegationibus auditis, idem W(illelmus) ad salubrem exortacionem meam omnimodam querelam, quam super his vel aliis quibuslibet adversus abbatem et fratres Sancti Ruphi proponere poterat, omnino relinquens, chabannariam de Polsasner, sicut per quinque partes divisa videtur, et insulam de Bolzanis cum adjacenti manso et si qua bona preter hec ex predecessorum suorum donatione vel vendicione possidere videbantur, domno Petro abbati et ecclesie Sancti Ruphi, et fratribus in insula Sugdionensi vel · alibi necessitate cogente manentibus, in perpetuum habenda et possidenda donavit atque concessit ; et coram positis Evangeliis in manu mea prestitit juramentum et insuper me dedit fidejussorem, ne sub aliquarum occasione querelarum supra memoratos f[ratres a]liquatenus fatigare seu calumniare vel querelam contra eos facere presumat: et si quispiam de parentela sua aliquibus exactionibus eosdem inquietaret, ad quoslibet se debet opponere defensorem, ut que Dei famulis pietatis intuitu sunt concessa, in perpetuum sibi proficiant et in pace possideant. Eapropter idem abbas et fratres Sancti Ruphi eundem Willelmum et omnes de parentela sua participes oracionum suarum constituerunt. Facta sunt hec aput Valentiam, in camera pontificali, anno ab Incarnatione Domini M°.C°.LXXX°.VIJI°, sub presentia et testimonio Lamberti decani, W. de Eras, Lantelmi bajuli Valentini, Pontii Algisii, prioris Sancti Jacobi, Petri de Tornone, Poncii Conilii, Uldrici, canonicorum Sancti Ruphi. ff. Ego Jacobus, domini episcopi notarius, presentem cartam mandato ejus scripsi.

1. Original parch. de 17 lig.; le sceau est encore pendant sur cordonnet: évêque assis, vu de face; au dos : *Carta insule Subdionis, quam dominus de Beldisnar dedit monasterio Sancti Ruphi.* Copies dans OLLIVIER (J.), *Arch. hist. du Dauph.*, t. XV, f° 229 (ex litteris originalibus abbatiæ Sᵘ Ruffi): *Cart. de St-Ruf,* f° 64 (extr. de l'orig. parch. avec un sceau en cire). Cf. EUSEBI, *Repert.*, p. 387.

LXV.   1190.

CARTA DE INSULA QUE DICITUR ESPARVERIA [1].

INTER comendabiles hominum actus ea potissimum approbatione digna videntur, in quibus pietas existit et manifesta caritas exibetur. Eapropter ego Falco, Dei gratia Valentinus episcopus, proprie saluti previdens nec non pro patrum venerabilium animabus qui Valentinensis ecclesie quondam gubernacula tenuerunt, et specialiter pro anima pie recordationis domni Odonis olim episcopi Valentini, ut videlicet in die obitus sui per singulos annos conventus ecclesie Sancti Rufi copiosius reficiatur, tibi Petro, ejusdem ecclesie abbati, et successoribus tuis et ecclesie tue, cum deliberatione et consilii maturitate, prout melius et sanius intelligi potest, quicquid juris sive potestatis, auctoritate pontificali vel imperiali concessione, habeo vel habere possum vel debeo in omni alveo insule Sparaverie versus orientem â principio usque ad finem, sicut â ripa continetur utráque, dono, laudo et in perpetuum habendum concedo : ita scilicet quod nulli indigene vel alienigene liceat ibi piscari vel instrumenta piscatoria vobis invitis ibidem ponere, set semper ad usus vestros ejusdem loci captura piscium tantummodo reservetur. Ut igitur hujusmodi donatio sive concessio firma semper maneat et illibata, presentis attestatione scripture et sigilli mei impressione eandem duxi corroborandam ; adiciens insuper quod quicumque contra eam venire vel eam impedire vel revocare presumpserit, iram et indignationem omnipotentis Dei incurrat et in extremo magni judicii die in numero reproborum eternis suppliciis deputetur. Facta sunt hec anno ab Incarnatione Domini M°.C°.LXXXX°, sedente in Urbe Clemente, Frederico imperatore regnante, pontificatus nostri anno tercio ; sub testimonio Ramundi prioris claustralis, magistri Johannis sacriste, Isardi prioris Vienne, P(ontii) Augisii, prioris Sancti Jacobi, Gontardi prioris Coste, Helie prioris de Dia, Falconis de Bozosel, prioris de Corbellino, P(ontii) de Soz, prioris de Burgo, Giraudi prioris de Turre, P(etri) de Tornone, W. de Nemauso, P(ontii) Conil, operarii, W. hospitalarii, Umberti camerarii, Rafini procuratoris, magistri W., G. de Albennaz, Helie, W. prioris de Peiraudo et Petri de Avinione, canonicorum Sancti Rufi; Duranti etiam de Tornone, W. de Bello Viso, Achillei sacerdotis, W. de Cabiolo, clericorum, Petri de Auriolo, vicarii, et Lantelmi bajuli.

1. Original parch. de 20 lig. 1/5, grosse écriture ; trace de sceau pendant sur lanière de cuir. Au dos: *Donatio alvei insule que Esparveria dicitur, existentis a parte orientis dicte insule*. « Extrait tiré de l'orig. en parch. exhibé par Guil. de Gonar, chanoine de Sᵗ Ruf, pour servir ... à M• Guil. Manuel de la Fay, abbé général dud. ordre, Paul Cholet notaire, 1663 ». Autre dans le ms. 824, f° 7. Texte impr. dans *Gallia Christ.* nova, t. XVI, instr. c. 110. Trad. italien. (incplte) dans *S. Congreg. consist.* (1784), Summar. n° 4ᵇ (2 p.) Cf. FONTANIEU, *Cart. du Dauph.*, t. I, f° 150ᵃ.

LXVI. 1192.

(CONCESSIO DECANI ET CAPITULI ANICIENSIS) [1].

A B C D E F G H I K L M N O P Q R S T U X.Y Z &

Cum, juxta Apostolum, omnibus debitores simus [2], eis tamen propensiori karitate tenemur astricti, qui renunciantes seculo in religionis habitu, Domino famulari noscuntur. Ea propter ego P(etrus), ecclesie Aniciensis decanus, et totus ejusdem ecclesie conventus, ecclesie Sancti Rufi religionem attendentes, ut tam presentes quam futuri Aniciensis ecclesie canonici orationum ecclesie Sancti Rufi participes esse mereamur, concedimus tibi Petro Sancti Rufi abbati et per te ecclesie Sancti Rufi in perpetuum ecclesias Sancte Marie et Sancti Andree de Crista, et ecclesiam Sancti

Domnini que est apud Granam, cum decimis et primiciis, et oblationibus vivorum et mortuorum, et sepulturis et omnibus appendiciis suis, exceptis domibus de Crista: retento tamen in eis dominio et annuali censu trecentorum solidorum Viennensium, aut si monetam lege aut pondere cádere contigerit vii. marchas et dimidiam argenti ad pondus Podiense ; ita ut tam presentes quam futuri ecclesie Sancti Rufi canonici habeant, teneant, possideant et ut de ceteris suis rebus pro beneplacito suo disponant : sic tamen ut ad alios transferre non possint. Si vero Aniciensis ecclesie canonicos per loca illa transitum fácere contigerit, tenentur canonici Sancti Rufi eos in predictis ecclesiis benigne ospicio suscipere, et ut dominis reverentiam et honorem et idoneam procurationem exibere; specialiter tamen P. de Monte Rebelli et ejus successores et nuncios suos, qui tunc temporis supradictarum ecclesiarum possessor existebat. Si quis autem supradictos ecclesie Sancti Rufi canonicos super hoc inquietare temptaverit, Aniciensis ecclesia se justicie pro eis oppónere tenetur. Ut autem supradicta concessio omnimodam obtineat firmitatem, laudaverunt hoc Anicienses canonici : Petrus decanus, magister Alanus, Gibertus de Spaleto, S. de Buzillo, P. Ricardi, P. de Monte Rebelli, P. Gaufredi, Bertrandus de Fillinis, Poncius de Fillinis, Bermondus d. Salnerii, P. Poncii, Bertrandus Aspasii, Guigo de Rocha, W. Salnerii, Odilo, Paganus, Ugo de Podempniaco, D. de Saisiaco, W. de Corberia, P. Pictavinus, W. de Sancto Quintino, Dalmacius Guini, Ferrandus, Radulfus abbas Brivatensis [3], Poncius Mauricii, P. de Bello Monte, W. Dracho, W. prepositus.

Hoc autem factum est in capitulo Aniciensi, anno ab Incarnatione Domini M°.C°.LXXXX°.II°, Celestino summo pontifice. Hujus rei testes sunt : Poncius Augis, Poncius de Sós, P. de Prunet, canonici Sancti Rufi, D. de Turnone, Poncius de Sancto Prejecto, Poncius de Valentia, Durantus de Trevix et multi alii. Hujus consentionis paginam Anicienses canonicii sigilli sui auctoritate firmaverunt.

1. Original parch. de 18 lig. 1/9, sans trace de sceau. Cf. Eusebi, Repert., p. 88.

2. Cf. Roman. i, 14.

3. Sans doute Rodolphe de Langeac, 1175-1207 (Gallia Christ. nova, t. II, c. 477 et xlj).

LXVII. 6 mai 1192.

(COELESTINI III PAPÆ CONCESSIO PRO ECCLESIIS DE BURGO) [1].

CELESTINUS episcopus, servus servorum Dei, dilectis filiis (Petro) abbati et fratribus ecclesie Sancti Ruffi, salutem et apostolicam benedictionem. Cum a nobis requiritur quod a tramite rationis non deviat, petentium desideriis facile nos decet annuere et ipsis effectum congruum indulgere. Hac igitur consideratione muniti vestrisque precibus inclinati, presentium vobis authoritate concedimus ut, sicut hactenus habuistis in ecclesiis de Burgo et aliis in quibus consuevistis, habere vobis liceat canonicos, quorum unus qui idoneus sit a diocesano episcopo curam recipiat animarum, ut ei de spiritualibus et vobis de temporalibus debeat respondere ; districtius inhibentes ne infra villam de Burgo, cujus parrochie ad vos pertinent, sine diocesani episcopi et vestro concensu novum oratorium et cimeterium consecretur : salvis tamen privilegiis Romanorum pontificum. Volumus insuper ut parrochiani ecclesie Sancti Andeoli, que ad vos dicitur pertinere, aut alii homines qui ad eamdem villam sua domicilia transtulerint et ibi viginti annis et amplius habitaverint, cum ad ecclesiam ipsam jus parrochiale totius ville pertineat, sibi de cetero nullatenus auferatur. Nulli ergo omnino hominum liceat hanc paginam nostre concessionis (et) inhibitionis infringere. . . Si quis. . . Datum Laterani, secundo nonas maii, pontificatus nostri anno secundo.

---

1. Copie du XVII° s. (extraict de son original en parchemin, deuement scellé et signé par Célestin troizième..., exhibé par M° Aymard Desont, prieur du Bourg-St-Andéol). Cf. JAFFÉ, *Reg. pont. Rom.*, ed. 2ª, n° 16866.

LXVIII.   *19 mai 1192.*

(Ejusdem concessio de decimis et ecclesiis vel oratoriis) [1].

CELESTINUS episcopus, servus servorum Dei, dilectis filiis (Petro) abbati et fratribus Sancti Ruffi, salutem et apostolicam benedictionem. Justis petencium desideriis dignum est nos facilem prebere concensum et vota, que a racionis tramite non discordant, effectu prosequente complere. Ea propter, dilecti in Domino filii, vestris justis postulacionibus grato concurrentes assensu, apostolica auctoritate statuimus ut nulli omnino liceat decimas ad jus vestrum vel ad ecclesiarum vestrarum parrochias pertinentes emere vel eas illicite usurpare; indulgemus eciam vobis ut nemo in parrochia ecclesie vestre aut in parrochiis ecclesiarum ad vestrum jus pertinencium, absque vestra et diocesani episcopi conivencia et assensu, ecclesiam vel oratorium, salvis privilegiis nostris, edifficare presumat. Decernimus ergo ut nulli omnino hominum liceat hanc paginam nostre constitutionis et inhibicionis infringere. . . Si quis. . . Datum Rome, apud Sanctum Petrum, xiiii kalendas junii, pontifficatus nostri anno ii°.

1. Vidimus de Franç. du Puy (1487), f° 2b (n° vii). Copie dans Eusebi, *Repert.*, p. 300-1. Cff. idem, p. 71; Jaffé, *Reg. pont. Rom.*, ed. 2ª , n° 16879.

LXIX.   *12 janvier 1193.*

(Ejusdem concessio de ecclesiis parrochialibus) [1].

CELESTINUS episcopus, servus servorum Dei, dilectis filiis (Petro) abbati et canonicis Sancti Ruffi, salutem et apostolicam benedictionem. Apostolice sedis auctoritas nos inducit et debitum postulat caritatis, ut tanto libencius vestris utilitatibus intendamus, quanto ecclesia vestra magis noscitur religione vigere. Hac igitur racione consideracionis inducti, presencium vobis auctoritate ad i(n)star felicis recordacionis Alexandri et Lucii predecessorum nostrorum, Romanorum pontifficum, duximus indulgendum, ut si quando ecclesias vestras parrochiales, in quibus tres vel quatuor canonici moram faciunt, vacare contigerit, liceat vobis unum ex fratribus vestris canonicis eligere et episcopo presentare, a quo curam recipiens animarum, episcopo de spiritualibus, vobis vero de temporalibus et ordinis observancia debeat respondere. Nulli ergo. . . hanc pag. nostre concessionis et constitucionis infring. . . Si quis. . . Datum Rome, apud Sanctum Petrum, ii idus januarii, pontifficatus nostri anno secundo.

1. Vidimus de Franç. du Puy (1487), fᵒ 2ᵇ (nᵒ vɪ). Copie dans Eusebi, *Repert.*, p. 300. Cff. idem, p. 71 ; Jaffé, *Reg. pont. Rom.*, ed. 2ᵃ , n° 16947.

LXX [1]. 1195.

Chirographe de l'an 1195, portant concession par M. l'abbé à un religieux de battir une maison auprès de la chapelle de la Magdeleine pour les frères malades et une chambre à côté pour s'y retirer; avec pouvoir de posséder des revenus pour l'infirmerie.

1. Analyse fournie par l'*Invent.* de 1768, arm. 2, vol. 2, n° 12.

LXXI. 10 mars 1196.

(Bernardi cardinalis transactio inter Diensem et Sᵗ Medardi ecclesias, et ecclesiam Sᵗ Rufi super ecclesiis de Crista) [1].

1. *Tituli Dienses* (Paris, Bibl. nat., ms. lat. 18356, anc. Min. 61), fᵒ 38, n° xxvɪ. Copie dans Ollivier (J.), *Arch. hist. du Dauph.*, t. XV, fᵒ 243 (ex litt. original. episcopatus eccl. Diensis). Texte impr. dans Acad. Delph., *Docum. inéd. relat. au Dauph.*, 1868, t. II, 3ᵉ livr., p. 57-9. Cf. Columbi, *Opusc.*, 1668, pp. 261 et 292.

LXXII. 1197.

CARTA (ARM. DE RETORTOR) DE INSULA SUDIONIS [1].

NOTUM sit presentibus et futuris, quod Armannus de Retortor inquietabat domum insule Subdion(ensis), que propria est monasterii Sancti Ruphi, querens placitamentum in quadam terra dicte insule que Venecia nuncupatur, eo quod ipsa terra patris sui fuisse dicebatur. Quapropter ego Falco, Valentinus episcopus, audito clamore jamdicte domus prioris et litteris a domino Odone episcopo super donatione et inquisicione supradicte terre factis et diligenter inspectis, quod in terra illa dictus Ar(mannus) nichil querere posset ipsum certum fecimus et rogavimus illum ut, amore Dei et nostro, ab ejus vexatione desisteret. Unde ad preces nostras inclinatus sepedictus Ar(mannus), tactis sacrosanctis Evangeliis, juravit quod nullam de cetero ipse aut aliquis successorum suorum vel aliquis nomine suo in supradictis nec etiam in aliis prenominate insule pertinenciis querelam vel calumpniam faciat; set pro posse suo ab omni inquietante et calumpniam inferente defendat, et si quid juris in terra illa habebat vel etiam habere videbatur, totum pro sua et parentum suorum salute donavit, laudavit, guirpivit supradicte domui et Willelmo priori et successoribus suis et in pace possidendum perhenniter concessit. Preterea si supradicta domus de loco sepedicte insule, causa necessitatis, ad alium magis congruum et oportunum locum transferretur, sub eodem sacramento promisit prenominatus Ar(mannus) quod ipse et successores sui teneant in pace dictum donum, et quod de cetero nullam ibi faciant calumpniam sive querelam. Hoc idem juravit Dalmacius bajulus ejus, mandato suo, et ut cercius haberetur rogavit nos ut presentem cartam sigillo nostro muniremus. Testes sunt Achilleus sacerdos, Xpistianus nepos ejus, Rainoldus Cocus, Petrus de Curia, Rotbertinus, Acharnz, W. Szups, Ugo bajulus, magister Pe(trus), canonicus Sancti Ruphi, Aimo de Solomniaco, Dalmacius vicarius ejus, Jaucerandus Ruphus. Actum est hoc in aula Valentinensi, anno Domini M. C. XC. VIJ, sedente in Urbe Celestino papa, regnante Henr(ico) serenissimo Romanorum imperatore.

Ego Jacobus, domini episcopi notarius, decimo anno pontificatus ipsius, presentem cartam mandato ejus scripsi.

1. Original parch. de 16 lig.; au dos encore : *Carta de insula Subdionis, que est monasterii Sancti Ruphi.* Cf. Eusebi, *Repert.*, p. 387.

LXXIII. 1197.

Carta de molendino, set alia melior [1].

UT HOMINUM TRANSEUNCIUM STATUTA NON TRANSEANT, MAJORUM AUCTORITATE ET SIGILLI EORUM MUNIMINE ROBORANTUR. PER PRESENTEM igitur paginam ego Falco, episcopus Valentinus, notum fieri volo tam presentibus quam futuris, quod Lambertus de Sancto Nazario, sanus et incolumis, in optima [2] mentis disposicione constitutus, molendina que ipse edificaverat, ob remedium anime sue parentumque suorum, contulit Deo et ecclesie Sancti Ruphi, nostre concessionis licencia primitus impetrata. Post cujus Lamberti mortem, Lambertus decanus, Rico, magister Senioretus, Johannes sacerdos, Jarento de Bisatgio, Petrus de Salis, Poncius Biza, Umbertus de Valentia testificati sunt molendina ecclesie Sancti Ruphi in testamento suo prefatum Lambertum reliquisse. Accedens igitur Bertrandus, ecclesie Sancti Ruphi abbas, ad nostram presenciam, humiliter postulavit ut eandem donacionem firmam haberemus et ratam, et eorumdem molendinorum plenam possessionem concederemus ecclesie Sancti Ruphi pacifice in perpetuum obtinendam. Nos vero [3], tantorum virorum testimonio plenissimam fidem habentes et omnia sollempniter acta considerantes, condescendentes ejusdem abbatis precibus propter religionis et honestatis fraglanciam que in eadem ecclesia dinoscitur vigere, visis etiam predecessorum nostrorum instrumentis et diligencius exquisitis, in quibus continetur quod in feudis nostris ecclesia Sancti Ruphi largicione fidelium, emptione, vendicione, permutacione vel quolibet alio justo titulo adquisicionem possit facere, omnis contradictionis, reclamationis et calumpnie obstaculo non obstante, molendina predicta cum omni tenemento suo, prout melius et sanius intelligi potest, salvo tamen debito censu xv. solidorum, ecclesie Sancti Ruphi donamus, laudamus et concedimus perpetuo possidenda. Pro hoc autem laudamento, a te Bertrando, abbate Sancti Ruphi, recognosco me cc. solidos accepisse [4]. Si quis autem hanc nostre concessionis et donationis paginam infringere vel aliquo modo permutare attemptaverit, indignationem omnipotentis Dei et beate virginis Marie, omniumque sanctorum et beati Apollinaris se noverit incursurum. Nos quoque hanc donationis cartam, ut majoris firmitatis robur obtineat, sigilli nostri munimine confirmamus. Testes sunt Poncius Chais, Falco de Monmira, Stephanus medicus, W. de Neumauso, Bartholomeus de Costa, Bernardus de Fontanis, Ugo vicarius, canonici Sancti Ruphi, et Poncius Conils, L. bajulus, Petrus de Salis, Erpinus, Petrus nepos ejus, Guigo de Torno, Pe(trus) de la Sonna, Pe(trus) de Podio, Ticbaudus, W. de Podio, Pe(trus) Iters, Barnardus Chanabaz, Raimundus Citarella, Petrus del Obra, Bernardus marescalcus, W. de Pelafol, Ugo nepos ejus, Durandus de Turnone, W. de Belmon, W. Antonis [5], Ugo bajulus. Acta sunt hec anno Incarnationis Dominice M°.C°.XC°.VIJ°, sedente in Urbe Celestino papa, regnante Henr(ico) serenissimo Romanorum imperatore.

Ego Jacobus, domini episcopi notarius, decimo anno pontificatus ipsius, presentem cartam mandato ejus scripsi.

1. Original parch. de 22 lig., N. 3 ; autre de 19 lig., C. 12. Extrait tiré de l'orig., exhibé par noble Guill. de Gonar, chan. de St-Ruf pour l'abbé Guilh. de Manuel de la Fay, par Paul Chol en 1663. Cf. Eusebi, Repert., p. 389.

2. A obtima. — 3. B quoque. — 4. B omet Pro hoc... accepisse. — 5. B Anconis.

LXXIV.   Mai 1197.

DE DONO QUOD FECIT GAUCELINUS DE NAVES [1].

Notum sit presentibus et futuris, quod ego Gaucelinus de Navis [2] scio et in veritate recognosco tibi, domno Falchoni S(anct)i Rufi abbati [3], me quicquid juris habebam in castris de Navis [2], de Maloboscho [4] et de Banna, nomine feudi accepisse a domno Willelmo [5] abbate Sancti Rufi : tali pacto ut nomine servicii darem ecclesie Sancti Rufi singulis annis tres libras cere ; et pro hoc feudo debeo facere hominium abbati Sancti Rufi, quandocumque a me exegerit. Dedi etiam domui de Bonis Vallibus quicquid juris habebam in territorio castri de Mirendol, et quemdam mansum qui est in valle Sancti Theodoriti [6], cum omnibus pertinenciis suis ; item recognosco quod pater meus dedit unum dimidium mansum apud [7] Chaçach [8] domui memorate, et fratres mei dederunt villam de Rivo Sico, cum hominibus et omnibus pertinenciis suis. Hec omnia, sicut in hac carta superius continentur et sicut sanius et melius potest intelligi [9], laudo et concedo et confirmo ecclesie Sancti Rufi et domui de Bonis Vallibus, sine omni retentione debiti vel indebiti servicii, sine exactione vel inquietatione aliqua, sine garda vel questa tranquille et libere perpetuis temporibus possidenda. Et promitto, tactis sacrosanctis Evangeliis super altare capelle Sancti Rufi, quod predictam donationem, quam pater meus fecit sive confirmacionem quam ego facio, de cetero nunquam moveam vel moveri faciam. Ad majorem autem firmitatem habendam, ego predictus Gaucelinus domnum Falchonem [10] episcopum Valentinum rogo, ut presentem cartam per alfabetum divisam sigillo suo corroborari [11] faciat. Testes sunt R. prior claustri, W. de Nemauso, Pontius Sancti Michaelis [12], Rainaldus, Stephanus [13] et Petrus de Lugduno, Giraudus de Barjach [14] prior [15] Bonarum Vallium, R. de Garda monachus et Petrus Eraclii miles. Actum est autem [16] hoc anno Dominice Incarnationis M°.C°.XC°.VII°, mense madio, in capella Sancti Rufi. Ego Falco, abbas Sancti Rufi, et nos conventus, sicut vidimus in carta sigillata et verum esse scimus, in hac carta sigillavimus [17].

A   B   C   D   E· F   G   H   I   K   L   M   N   O   P   Q   ⸎

1. Original parch. de 15 lig. ; autre de 14 lig., avec traces de deux sceaux. Copie dans EUSEBI, *Repert.*, p. 328.
2. B *Naves.* — 3. B omet *tibi... abbati.* — 4. B *Malbosco.* — 5. B *Vi-o.* — 6. B *Te-i.* — 7. B *aput.* — 8. B *Chacac.* — 9. B *i. p.* — 10. B *Falconem.* — 11. B *ro-i.* — 12. B *Mica-s.* — 13. B *Stefa-s.* — 14. B *B-c.* — 15. A *priorem.* — 16. B omet. — 17. A omet *Ego... sigillavimus.*

· LXXV.   *(Après 1197).*

(DONUM GALTERII BRINO APUD COLUMBERIUM) [1].

L ABI solet rerum memoria cum lapsu temporis et noverca pacis calumpnia, quod prius in quiete fuerat, inquietat. Sciant ergo presentes ac posteri quod ego Galterius Brino, dono et concedo Deo et ecclesie S(anct)i R(uph)i me ipsum et quidquid habeo vel possideo ad Columberium, tam in terris cultis quam incultis, tam in domibus quam in nemoribus. Hoc donum concesserunt et confirmaverunt cum juramento filie mee Galteria et Maria, et earum mariti Geraldus et Ardencs. Actum est hoc ad Sanctum Ruphum, in camera domni Falconis abbatis, ipso presente et aliis quam pluribus, videlicet P. Chais, magistro Helya, Ugone vicario, Ar. de Sancto Albano, fratre Stephano, Nicholao, Durando, Habundo, Martino, Guichardo et aliis quam pluribus. Confirmatum vero fuit ad Sanctum Jacobum, in presentia Armandi prioris ejusdem loci et supra scriptorum virorum. Ex permissione vero domni F(alconis) abbatis habeo quod, dum fuero in laicali habitu, de predictis terris que coluntur aliena manu fructum habeam, de illis autem quas domus S(anct)i R(uph)i coli faciet, nichil habeam : de assumptione vero regularis habitus, in arbitrio meo missum est.

1. Original parch. de 10 lig. Cf. EUSEBI, *Repert.*, p. 386.

LXXVI.   *8 août 1198.*

(INNOCENTII III PAPÆ PRIVILEGIUM DE ORDINATIONIBUS) [1].

I NNOCENCIUS episcopus, servus servorum Dei, dilectis filiis (Falconi) abbati et conventui Sancti Ruffi, salutem et apostolicam benedictionem. Quociens a nobis requiritur quod a religione vel honestate discordare minime videatur, animo nos decet libenti concedere et justis petencium desideriis effectum congruum indulgere. Ea propter, dilecti in Domino filii, vestris justis postulacionibus gratum imperciantes assenssum, apostolica auctoritate statuimus ut vos

et canonici vestri qui in ecclesiis vobis subdictis commo-
rantur, crisma, oleum sanctum, consecraciones altarium
seu basilicarum, ordinaciones clericorum, qui ad sacros ordines fuerint promovendi, a diocesano suscipiatis episcopo :
si quidem catholicus fuerit, et graciam atque communionem
apostolice sedi habuerit, et ea vobis gratis et absque pravitate voluerit exhibere ; alioquin liceat vobis quemcumque
volueritis catholicum adire antistitem, qui nostra fretus
auctoritate vobis quod postulatis indulgeat. Datum Reate,
vi idus augusti, pontifficatus nostri anno primo.

1. Vidimus de Franç. du Puy (1487), f° 3 (n° viii). Copie dans Eusebi,
Repert., p. 301. Cf. idem, p. 71.

LXXVII.   *15 mars 1199.*

(Ejusdem confirmatio sententiæ Lugdunensis

archiepiscopi contra Hospitalarios) [1].

INNOCENTIUS episcopus, servus servorum Dei, dilectis
filiis (Falconi)] abbati et conventui Sancti Rufi, [salutem
et apostolicam benedictionem]. Sententia que ex delegatione sedis apostolice ratione previa promulgatur, firma
debet et illibata consistere ; et, ne in posterum aliquorum
temeritate valeat perturbari, apostolico est munimine robo-
randa. Eapropter, dilecti in Domino filii, vestris postulationibus grato concurrentes assensu, sententiam quam venerabilis frater noster Rain(aldus) Lugdunensis archiepiscopus,
in causa que inter vos ex una parte et Hospitalarios ex altera,
super ecclesia Sancti Jacobi de Valentia vertebatur, ex
delegatione sedis apostolice noscitur promulgasse, sicut juste
lata est nec legitima appellatione suspensa, et in ipsius archiepiscopi authentico plenius continetur, ad exemplar bone
memorie Celestini pape, predecessoris nostri, auctoritate
apostolica confirmamus et presentis scripti pagina communimus. Nulli ergo, etc.

Datum (Laterani), idibus martii, pontificatus nostri anno
secundo.

1. Innocentii III *Regesta*, lib. ii, ep. 22. Texte impr. dans *Innoc.
epist.*, éd. Baluze, 1682, t. I, part. ii, p. 344 : éd. Bréquigny, 1791, t. II ;
Patrol. latina, t. CCXIV, c. 552. Cff. Bréquigny, *Table*, t. IV, p. 271 ;
Potthast, *Reg. pont. Rom.*, n° 626.

LXXVIII.   *20 mars 1199.*

(Ejusdem prohibitio ne canonici Sancti Rufi ad alium ordinem transeant) [1].

INNOCENTIUS episcopus, servus servorum Dei, venerabili fratri (Mauritio)] Pictavensi episcopo, [salutem et apostolicam benedictionem]. Proposita nobis dilectorum filiorum (Falconis) abbatis et conventus Sancti Rufi querimonia demonstravit, quod A. Jordani eorum canonicus, habitu regularium canonicorum rejecto, sine abbatis sui licentia in monasterio Malleacensi suscepit ordinem et regulam monachorum. Cum igitur, juxta canonicas sanctiones, religiosi canonici non credantur a consortio sanctorum monachorum sejuncti, fraternitati tue per apostolica scripta mandamus quatenus, si tibi constiterit de premissis, jamdictum canonicum ad ecclesiam redire priorem, monitione premissa, per censuram ecclesiasticam, appellatione remota, compellas : ubi et memorialem cucullam eum deferre facias et ultimum in choro manere, ut exemplo ejus alii similia non attentent.

Datum Laterani, xiii kalendas aprilis, pontificatus nostri anno secundo.

1. Innocentii III *Reg.*, lib. ii, ep. 11. Texte impr. dans *Innoc. epist.*, éd. Baluze, t. I, p. ii, p. 340: éd. Bréquigny, t. II; *Patr. lat.*, t. CCXIV, c. 545. Cff. Bréquigny, *Table*, t. IV, p. 271; Potthast, *Reg. pont. Rom.*, no 634.

LXXIX.   *1199.*

(Sententia inter priorem S[i] Felicis et Hospitale) [1].

NOS Falco, Dei gratia Valentinensis episcopus, notum facimus universis presentes litteras inspecturis quod, cum discordia verteretur inter Gontardum priorem Sancti Felicis, ex una parte, et Pontium de Blargaritis [2], preceptorem domus Hospitalis Sancti Sepulchri Valentie, super eo quod prior Sancti Felicis dicebat quod totum hospitale et grangia eorum, que est in abbatia, excepta ecclesia Sancti Sepulchri et excepto refectorio et quadam parte coquine, erant in parrochia et infra limites parrochie Sancti Felicis : quod preceptor Hospitalis denegabat ; tandem, partibus in nostra presentia constitutis, prior se obtulit probaturum quod hospitale et grangia erant in parrochia Sancti Felicis, humiliter supplicando ut testes quos ipse vellet producere, pro limitatione parrochie Sancti Felicis, recipere dignaremur : maxime, cum quidam illorum testium essent senes et idcirco timebat ipse prior ne futuris temporibus subtraherentur copia probandi ipsi domini si necesse esset, vel si iterum inter domum Sancti Felicis et domum Hospitalis, seu inter alios de parrochia Sancti Felicis de cetero questio oriretur. Assignata igitur die partibus, prior testes produxit viros idoneos, per quos plene probavit quod parrochia Sancti Felicis protenditur a porta de Tordayo usque al chier de Fieratas, et vadit per violum inter cuneum Rayneve et cuneum Chambard usque ad caminum quo itur apud Alexianum, et ab illo camino Alexiani itur recto itinere sobre lo Cognier usque ad viam que dicitur Castelnovesa, et per illam viam usque ad caminum regalem quo itur recto camino usque ad Paralanges ; et a porta supradicta de Tordayo usque ad portam Sancti Sulpicii, et ab illa porta Sancti Sulpicii recta via usque ad Favantinas, et ab illo loco sicuti ducit via qua itur vers la Ruella usque ad fossatum vinee de la Ruella, et ab eodem loco per las Crespolieras usque ad supradictas Paralangias : adjicientes tam prior supradictus quam testes quod sacrista Sancti Felicis per istam parrochiam visitabat. Nos vero Falco, Dei gratia predictus episcopus Valentie, habito consilio peritorum, sententiando judicamus Hospitale Sancti Sepulchri et grangiam abbatie, excepta ecclesia Sancti Sepulchri et excepto refectorio et quadam parte coquine, esse de parrochia Sancti Felicis, cum dictum Hospitale Sancti Sepulchri sit infra limites inferius annotatos ; concedentes de gratia speciali domui Sancti Felicis, ut sacrista dicte domus istam parrochiam, quam ipsi domui confirmamus, de cetero possit de nostra licentia visitare. Actum est hoc anno Incarnationis Dominice M°C°XC° nono, in curia episcopali, presentibus Guillelmo de Vaesco, Guillelmo de Liberone, canonicis Valentie, Lamberto priore de Cozau, Odilone sacrista Sancti Felicis, Vitali, Johanne d'Aiserant et Francisco, hospitalariis. In cujus rei testimonium sigillum nostrum presenti pagine duximus apponendum.

---

1. Vidimus parch. pour « M᷒ Guilhaume Manuel, docteur ez droictz, prieur du prieuré de Sainct Felix et de Sainct Pierre de Ternay, chanoine de l'esglize de Nostre Dame de Paris, 4᷒ sept. 1592 ». Deux autres en tête de terriers de St-Félix. — 2. Al. Margueritis.

LXXX.   *Juin 1199.*

Compositio ecclesiarum de Taulignano [1].

1. *Tituli Dienses* (voir n° LXXI), f° 28ᵇ, n° XVIII. Texte impr. dans Acad. Delphin., *Docum., inéd. relat. au Dauph.,* t. II, 3ᵉ livr., p. 45-7.

LXXXI [1].   1200.

Ademari Pictaviensis, comitis Valentinensis, privilegium in pergameno, quod incipit : « Notum sit omnibus... Actum anno 1200 » ; ubi ait : « Ego Ademarus Pictaviensis, Dei gratia comes Valentinensis, ob remedium anime mee et patris mei et d. Guillelmi Pictaviensis, ejusdem ecclesie canonici, dono et concedo monasterio Sancti Rufi, et tibi Falconi abbati et canonicis ejusdem loci, in perpetuum omnimodam exemptionem in terris » suis, una cum jure pascendi.

1. Analyse fournie par Eusebi, *Repert.,* p. 81, d'après une notification du 6 décembre 1321, faite au juge des comtés de Valence et Die, à Etoile.

LXXXII.   1200.

Carta de domo Ugonis de Aurosa juxta grangiam [1].

Notum sit omnibus, tam presentibus quam futuris, quod anno ab Incarnatione Domini M°.CC°, ego Lambertus, decanus Valentinus, concedo vobis Falconi, ecclesie Sancti Rufi abbati, et fratribus ejusdem ecclesie et successoribus vestris, videliced dominium domus Ugonis de Aurosa, que est juxta grangiam vestram ab aquilone, in vico Sancti Victoris ; ita quod nullus homo possit eam emere vel vendere, sive inpignorare vel de ea aliquam transmutationem facere sine consensu et voluntate vestra, et vos recipiatis censum ejusdem domus termino constituto. Retineo tamen ut vos reddatis michi VI denarios censuales, quos michi persolvetis pro eadem domo quando alium censum de grangia reddetis. Et si forte prephatam domum emptione vel pignore vel alio quolibet titulo adquirere poteritis, concedo et laudo sicut melius et sanius potest intelligi, ut sine consensu et

omni contradictione et laudamento meo possitis eam habere
et absque ulla difficultate pacifice possidere. Et pro hoc laudamento confiteor me a vobis habuisse XL·ᵃ solidos Viennensis monete. Testes sunt : W⁹ de Nemauso, Ademarus de
Valentia, Petrus Cortili et Johannes, canonici Sancti Rufi,
W⁹ de Mota, Lantelmus de Marchas, Rainaldus de Petra,
Andreas de Sancto Rufo, Johannes Rufus.

Ut autem hoc ratum et firmum habeatur, ego Lambertus
decanus Valentinus sigilli mei impressione presens instrumentum facio roborari.

1. Original parch. de 16 lig. 1/2 ; trace de sceau sur lanière de cuir.
Cf. Eusebi, *Repert.*, p. 383 (in sigillo legitur : LAMBERTVS·VALEN·
DECANVS).

LXXXIII. *(1200-).*

(Carta) de ecclesia de Marnau [1].

NOVERINT UNIVERSI, QUORUM CONSPECTIBUS PRESENS
SCRIPTUM MONSTRANDUM VENERIT, QUOD UMBERTUS
DE Castrobucco dedit Deo et ecclesie Sancte Marie de
Marnau IJIJ. solidos et IJIJ. denarios censuales, super portum
Confluentis in perpetuum possidendos, ut feria secunda singulis ebdomadis super uxorem suam dominam Fias, cum
pro ceteris mortuis processiones fierent, super sepulcrum
ipsius orantes stacionem dicte ecclesie facerent sacerdotes.
Multis autem effluxis annis, cum nominata ecclesia hanc
donationem quiete et absque calumpnia possideret, B. de
Sancto Montano, prior Sancti Petri de Burgo, et Odilio
filius supradicti Umberti, composicionem talem inter se fecerunt : Odilio dedit dicto priori et successoribus suis XVI.
denarios censuales in territorio de Castronovo ; prior vero
guerpivit dicto Odilioni IJIJ. solidos et IJIJ. denarios quos a
predecessoribus suis super portum acceperat Confluentis.
Consequenter ego W(illelmus), filius dicti Odilionis, volens
in bono antecessorum meorum vestigiis inherere, conside-
rans quia sola misericordie opera reos ante tribunal eterni
judicis excusabunt, donavi et in perpetuum habere concessi
dictos IJIJ. solidos et IJIJ. denarios ecclesie de Marnau, ut
supradicte domine supradicta stacionum suffragia in ecclesia de Marnau in perpetuum concedantur ; preterea dictos

xvi. denarios censuales ego W. donavi Deo et ecclesie de Marnau in perpetuum possidendos. Acta sunt hec in ecclesia Sancti Felicis, ante majus altare. Idem vero W. super idem altare juravit, quod super hanc donationem per se sive per alium calumpniam non faciat, et quod si aliquis faceret pro posse suo defendere niteretur. Testes sunt Gontardus tunc temporis prio[r Sancti Felicis], Lambertus prior de Marnau, W. sacrista, Bonafosus, B. Renco, Umbertus de Castrobucco. W. de M[....., ... de] Cabeolo, B. monetarius, Lantelmus de Alexano. Consequenter ego V. (Umbertus) Dei gratia Valentinus episcopus, ut ista donatio felici gaudeat firmitate, ad preces dicti W. hanc cartam sigilli nostri munimine roboravi.'

1. Original parch. de 17 lig. ; trace de sceau sur lacs de soie rouge et jaune. Cf. *Invent. de St-Félix*, f° 406, n° 200.

LXXXIV.   *(1200-2)*.

(CONCORDIA INTER PRIOREM ET CANONICOS S¹ FELICIS) ².

NOSTRIS gesta temporibus ex decursu temporis ne labantur, litterarum solent inditiis memoriter retineri et que possent in posterum cavillationes emergere, sola solet veracis scripti series effugare. Eapropter ego Umbertus, Dei gratia Valentie episcopus, volens disceptationes et controversias, que inter Guntardum priorem Sancti Felicis et canonicos habebantur, fine legittimo terminare, veniens ad ecclesiam Sancti Felicis, rogavi priorem et canonicos ut super eorum controversias nostro starent mandato. Prior vero et canonici, nostris adquiescentes precibus, firmiter promiserunt ut quicquid a nobis super eorum controversiis diceretur, ratum et firmum imperpetuum haberent. Prior siquidem sacramento prestito hoc confirmavit, et hoc idem sub eodem sacramento factum est a Willelmo sacrista et Odilone procuratore ejusdem ecclesie, et a Lamberto priore de Cossau et Lamberto priore de Marnau : ceteri vero canonici, de gratuito eorum consensu et ex mandato prioris, hoc idem firmiter promiserunt. Assistentibus itaque nobis dom. V(mberto) Diensi episcopo et Petro Saonensi abbate et R. abbatibus Lionselli et A(lgoudo) Vallis Crescentis, Cisterciensis ordinis, presente etiam Lamberto decano Valentie et Ismidone fratre ejus, qui nobis ex parte prioris extiterunt fidejussores; auditis hinc inde eorum questionibus, lecta et cognita quadam scriptura nostro sigillo et abbatis Saonensis munita, quibusdam additis et subtractis, habito aliorum virorum prudentum consilio, regulares institutiones et probabiles consuetudines, sicut in presenti littera continetur annexum, in eadem ecclesia dudum cernimus observari : Hee sunt..... *(ch. LIII)*.

1. Original parch. dont il ne subsiste que 28 lig., les dernières endommagées. La date de cette pièce est circonscrite par la mention des principaux personnages qui y figurent : Humbert I*er*, évêque de Valence ; Humbert I*er*, évêque de Die ; Pierre, abbé de Saou (*Cart. de Die*, p. 46-7; *Cart. de Léoncel*, p. 52); R., abbé de Léoncel (prédécesseur de Pierre II ?); Algoud, abbé de Valcroissant (*Cart. des Ecouges*, p. 105-6, « Algoudis »); et Lambert, doyen de Valence.

LXXXV.   *Septembre 1200.*

ACHET DES TACHES DU RIVIER [1].

Vente faicte et passée en faveur du s*r* prieur de Sainct Felix, des tasches du Rivier par s*rs* Arnaud Imbert et Umbert Hugues frères, pour le prix de trois centz livres.

1. Analyse fournie par l'*Invent. de St-Félix*, f° 48, n° 253.

LXXXVI.   *Juin 1201* [1].

Falconis abbatis S. Rufi concessio facta Pontio Chais, infirmario S. Rufi ; est originalis in pergameno, cum sigillis pendentibus abbatis et capituli, quorum quodlibet repræsentat imaginem sancti Rufi, circumscripto nomine. Incipit : « Quoniam varius est casus hominum, idcirco ego F(alco), ecclesie S. Rufi abbas... Actum in capitulo S. Rufi, mense junio 1201 ». Ubi dicitur quod de pecunia data per Pontium Chais ad emendos redditus infirmariæ, Hugo abbas S. Rufi habuit pro causis urgentibus 4000 solidos ; et assignati sunt infirmariæ pro fructu 2000 solid. sextarii 23 frumenti annui apud Cristam, et pro fructu aliorum 2000 solid. quatuor libræ cum dimidia in vineis quondam Marescalchi. Eidem Pontio concedit omnia bona « que tenet apud Aleixan nomine nostre ecclesie, que fuerunt de patrimonio suo, et xv solidos censuales quos domus de Leoncello nobis annis singulis solvere tenetur in festo s. Appollinaris, et quidquid in banco macelli Valentie annuatim ex conductione percipimus, toto tempore vite sue : ita quod post mortem suam ecclesie nostre remaneant. Quia vero laborem conventus corporis imbecillitate sustinere non potest, concedimus ei ut in camera sibi et servienti suo de communi cibo conventus sibi necessaria ministrentur ». Subscripti sunt R(aimundus) prior claustri, S(tephanus) Medici sacrista et alii 24 canonici S. Rufi.

1. Extrait fourni par EusEBI, *Repert.*, p. 101.

LXXXVII. *Septembre 1202.*

(DONATIO ECCLESIÆ B. M. DE INSULA SUBTUS VIENNAM) [1].

1. On ne possède de cet acte que la traduction en français donnée par CHARVET, *Hist. de l'égl. de Vienne*, p. 365-7 (ex archiv. eccl. Vienn.). Cf. MERMET, *Hist. de Vienne*, t. III, p. 74.

LXXXVIII. 1204.

CARTA DE CONCAMBIO FACTO A FRATRIBUS S[i] R(UPH)I CUM FRATRIBUS TEMPLI DE VALENTIA, DE TERRIS DE GISAIAS ET DE COLUMBERIO [1].

NOTUM sit, t[am presentibus quam futuris, quod domu]s militie de Valentia habebat tres petias terre in Gisaias, de quibus dabat tascham ecclesie Sancti Ruphi et domui Sancti Jacobi de [Valentia. . . . . II]II[or] sextarios frumenti censuales ; et quia[due specie predictarum trium terrarum infra terras ecclesie S[i] Ruphi erant, et multociens impedimentum fratrib[us S[i] Ruphi fuer]ant, Falco abbas S[i] Ruphi, cum consilio et voluntate tocius conventus, et Ugo de Rocha Fort, preceptor militie de Valentia, cum assensu et voluntate omnium fratrum suorum, de ipsis terris fecerunt concambium in hunc modum : fratres militie dede-

runt ecclesie S¹ Ruphi libere et absolute quicquid juris vel
proprietatis in duabus petiis predictarum trium terrarum
habebant, ut ecclesia S¹ Ruphi eas in pace nunc et semper
haberet et possideret ; quarum una est infra viam que ducit
ad Quart et ad Bellum Montem et boscum de Chastane ; alia
vero in medio terrarum quas habet ecclesia S¹ Ruphi in
Gisaias. Has duas petias terre donaverunt et laudaverunt
ecclesie S¹ Ruphi fratres militie, ut eas libere haberet et sine
contradictione aliqua perpetuis temporibus possideret. Ecclesia vero S¹ R(uph)i donavit militie quicquid juris vel proprietatis habebat in sex sextariatis terre, que sunt juxta terras
suas de Gisaias ex una parte et juxta terras ex alia parte
quas tenet Andreas Ogerii pro nepote suo Bartolomeo, filio
quondam Raimundi Ogerii. Has predictas sex sextariatas
terre donavit, concessit et laudavit ecclesia S¹ R(uph)i fratribus militie, ut eas nunc et semper sine omni censu et usatico in pace et sine aliqua contradictione, sicut illa eas libere
· possidebat, ita eas libere et absolute haberet et possideret.
De IIII⁰ʳ vero sext(ariis) frumenti, quos fratres militie censuales Sancto Jacobo faciebant, fecit eis ecclesia S¹ R(uph)i
II⁰ˢ sext(arios) et eminam pro isto concambio indulgere. §
Preterea sciendum quod controversia emerserat inter sepe-
dictos fratres S¹ R(uph)i et fratres militie, super patrimonio
Gauterii Bruinon et fratrum suorum Stephani et W(illelmi),
filiorum quondam Petri Bruinon. Fratres enim S¹ R(uph)i
portionem sustantie fratris Stephani, ecclesie S¹ R(uph)i
conversi, tanquam propriam requirebant ; fratres vero militie ipsam portionem s(cilicet) fratris S(tephani) et aliam
W. fratris ipsius habere volebant et possidere, asserentes
quod ipse frater S. in domo militie habitum religionis susce-
perat priusquam in ecclesia S¹ R(uph)i, et iccirco res ipsius
ad domum militie debebant devolvi. Tandem considerantes,
videlicet Falco abbas S¹ R(uph)i et conventus, ex una parte,
et Ugo de Rochafort preceptor et fratres militie, ex alia,
quod nimium esse turpe et inconveniens ut inter ipsos controversia vel discordia aliqua verteretur, hujusmodi inter
se compositionem fecerunt : omne jus et omnem proprietatem quam fratres militie in dicto patrimonio predicti Gau(te-
rii) et fratrum suorum S. et W., tam pro ipso S. quam pro
W. fratre ejus, et etiam censum et dominium quod in toto
patrimonio predictorum trium fratrum habebant vel requirebant, libere et absolute dederunt et concesserunt ecclesie

S¹ R(uph)i, ut portiones amborum et censum consuetum ac dominium tocius patrimonii in pace et sine contradictione aliqua perpetuis temporibus haberet et possideret ; ecclesia vero S¹ R(uph)i donavit et concessit fratribus militie quicquid juris vel proprietatis habebat in toto nemore quod adjacet, ex una parte terre quam ipsi fratres militie a Sancto Jacobo pro concambio habuerunt, ex alia vie que dicitur dels Fossar, ex alia vero nemori Gontardi de Cabiolo ; et totam terram quam habebat prope ulmum dels Bancetz, et adjacet ex una parte strate que Regalis dicitur, ex alia vero terre Humberti du W.lan : et sciendum quod predictum nemus et dictam terram hujusmodi pro Gon(tardo), canonico S¹ R(uphi) et priore Sancti Felicis, aliam etiam terram dedit eis, que est juxta predictam, set eas dividit predicta strata Regalis. Totum predictum nemus et predictas duas petias terre, cum parvo nemore quod uni predictarum terrarum adjacet, concesserunt libere et absolute, absque omni dolo fratres S¹ R(uph)i fratribus militie, ut totum sine contraditione in perpetuum haberent et possiderent. Ut autem hec concambia illibata et inconvulsa possent perpetuis temporibus observari, presens instrumentum sigillis abbatis S¹ R(uph)i et conventus, et Ugonis preceptoris Templi de¡Valentia est insignitum ; et promisit ipse V(go) quod quam cicius posset sigillo majoris magistri illud faceret communire. Factum [est hoc anno ab] Incarnatione Domini M°CC°IIIJ°. Testes sunt Pe(trus) de Solomniaco, W. de Chiroem, W. de Columbier, Pon. de Ruella, Bontos, Pe(trus) Airaudi, [Bernardus prior c]laustralis, S. sacrista, Arnaldus procurator, Gontardus prior Sancti Felicis, Armannus prior Sancti Jacobi, Ar(naudus) prior de Burgo, Pon. Ch[ais. . . . . de] Fontanis, canonici S¹ R(uph)i, Stephanus conversus et Gauterius frater ejus. Item notum facimus quod predicti fratres Templi similiter fecerunt concambium. . . . . es domui S¹ Jacobi (de) terra que adheret campo ipsius domus ad Salicem, unde prior remisit eis tres eminas frumenti censuales.

. . . .
. . .us quod predicti fratres Templi habuerunt pro concambio ab ecclesia S¹ R(uph)i, et domus Templi remisit xii denarios qu[os. . . . . facie]bat. Hoc factum concessit Guillelmus Catellus, magister provincie, et ad majorem firmitatem sigillum suum apposuit.

1. Original parch. de 31 llg. ; trace de quatre sceaux pendants. Cf. Eusebi, *Repert.*, p. 388 (ch. xii, n° 14).

LXXXIX [1].   1204.

Sentence arbitralle donnée entre le s[r] prieur de Sainct
Felix d'une part et Guigues de Chaste d'aultre, touchant la
disme appartenant audit s[r] prieur de Sainct Felix près le
pont de Faventines, d'une vigne joignant le chemin publicq
qui va de Beaumont ; par laquelle est dict que ledit s[r] prieur
doibt prendre annuellement une sommée vin.

1. Analyse fournie par l'*Invent. de St-Félix*, f° 45 v°, n° 239.

XC.   *Mai 1204.*

CARTA DE LAUDAMENTO QUOD FECIT GUNTARDUS DE CASTRO
NOVO DE HONORE QUI FUIT GAUTERII BRUINON [1].

NOTUM sit omnibus hominibus, tam presentibus quam futuris, quod anno ab Incarnatione Domini M[o].CC[o].IIIJ[o],
mense madio, ego Guntardus de Castro Novo, filius
quondam Guinisii de Castro Novo, laudo et per hanc scripturam confirmo Deo et ecclesie Sancti Rufi et tibi Falconi,
ejusdem ecclesie abbati, et successoribus tuis in perpetuum,
totum illum honorem qui fuit Galterii Brugnon et fratrum
ejus Stephani et Vilelmi, qui honor est in territorio de
Columbario. Hunc itaque honorem ex integro, domos, vineas, campos, boscos, cultum et incultum, terras et arbores
fructiferas et non fructiferas, pascuas et quicquid prorsus
excogitari potest ad ipsum honorem pertinens, pro franco
alodio, sine omni exactione mei et meorum et cujuscumque
hominis, liberum et absolutum, absque omni censu, servitio et usatico mobilis et immobilis rei, laudo et confirmo
supradicte ecclesie ad habendum, tenendum et possidendum,
et faciendum quicquid jamdicte ecclesie fratres facere voluerint, ad vendendum, donandum, infeudandum, concam-
biandum, sine contradictione mei et meorum, et cujuscumque
hominis vel femine, sicut melius et sanius intelligi potest.
Verum hoc sciendum quod, si ipsa ecclesia alicui ad labo-
randum concesserit, de ipsa laboratione vintenam cultores
exsolvent ; si vero ipsius ecclesie habitatores propriis manibus vel sumptibus excoluerint, inde neque vintenam vel ali-

quod servitium vel usaticum persolvent. Pro hoc autem laudamento habui a jamdicta ecclesia L. solidos Viennensis monete, quos recognosco me recepisse ex integro ab ipsa ecclesia, ita quod nichil apud ipsam remansit non solutum. Ut autem hec laudatio et confirmatio firma et incussa omnibus futuris antea temporibus maneat et inconvulsa, juro super sancta IIII^{or} Evangelia per me et per meos successores, quod nunquam, ego vel alius mea voluntate vel persuasione aut instinctu, contra hanc laudationem vel confirmationem veniam : set omnia sicut supra scripta sunt et sanius et melius intelligi possunt servabo et pro posse meo servari faciam. Hec acta sunt et confirmata a me in ecclesia Sancti Thome juxta Castrum Novum, in presentia Odilonis, Lanberti, Rostagni, canonicorum Sancti Felicis, Gravate militis, Chatberti Fabri, bajuli Castri Novi, et Salveti filii ejus, Bonelli, Esdre, Nicholai, Duranti, Raimundi, Martini Barra. Sciendum etiam quod Guinisius filius meus hoc ad mandatum meum laudavit et confirmavit.

1. Original parch. de 16 lig. 1/3. Cf. Eusebi, *Repert.*, p. 386 (ch. xii, n° 3 « sigillum dicti Guntardi, etc. »)

XCI. *Mai 1204.*

Carta de terra que est in Gisaiis, quam vendiderunt Petrus de la Cort et soror ejus Borzesa[1].

Notum sit omnibus hominibus, tam presentibus quam futuris, quod ego Petrus de la Cort et soror mea Borzesa vendimus ecclesie Sancti Rufi et tibi Falconi, ejusdem ecclesie abbati, et successoribus tuis in perpetuum, pro LX. solidis Viennensibus et tribus sextariis annone, de quibus ego Borzesa duos habui et Petrus de Combelz consanguineus noster, cum cujus consilio hanc venditionem facimus, tertium sextarium, de quibus nichil remansit indebitum, totam terram quam habemus in Gisaiis ; que terra est juxta terras vestras et adjacet ab austro strate que ducit ad Quart et ad Montem Bellum, ab aquilone torris vestris de Gisaias. Predictam terram vendimus, donamus, laudamus et confirmamus bona fide, sine dolo, et absque omni retentione nostri et nostrorum, per nos et per omnes successores nostros, Deo et ecclesie Sancti Rufi et tibi Falconi, ejusdem ecclesie abbati, et successoribus tuis in perpetuum, ad habendum, possidendum, vendendum vel donandum, et ad omnes voluntates vestras plenarie faciendas. Sciendum etiam quod nos et predecessores nostri predictam terram in pace, sine alicujus contradictione vel molestatione, sicut francum alodium habetur et possidetur, semper habuimus et possedimus, nec unquam pro ipsa alicui censum vel usaticum fecimus ; et sicut nos eam libere habuimus et possedimus, ita eam libere ecclesie Sancti Rufi concedimus et donamus. Promittimus etiam et juramus, tactis sacrosanctis Evangeliis, quod hanc venditionem ratam et firmam nunc et semper habebimus, et si aliquis pro hac terra inquietaret vel molestaret ecclesiam Sancti Rufi, debemus nos opponere et ipsam ecclesiam juste deffendere ; et tamdiu omnes res nostras eidem ecclesie obligamus, donec ipsam terram in pace possidere valeat et habere. Factum est hoc anno ab Incarnatione Domini M°.CC°.IIIJ°, mense madio. Presentes fuerunt dom. abbas, Vilelmus prior de Insula et de Plateria, Armannus prior Sancti Jacobi, Arnaudus prior de Burgo, Alphannus prior de Armaz-(anicis), Uldricus prior de Buxa, Geraudus prior de Melgorio, Petrus prior de Medullione, Stephanus sacrista, Pontius Cuniculi operarius, Arnaldus procurator, Pontius Chais, magister Johannes, magister Arnaldus, Raimundus Rufus, R. de Pilia, P. de Aurasica, B. de Fontanis, canonici Sancti Rufi, Ugo Mercier et S. Bruinon conversus, G. Bruinon, W. de Sancto Antonio, Ardencus, Guiraudus, Armannus de Gurin, Ar(mannus) de Platia, Ste. clericus, Pe(trus) clericus, Pe. de Combelz, Nicholaus, Raimundus et Durandus cursores, Johannes famulus, P. Chais, Petrus Lombardi. Et ego Humbertus, Dei gratia episcopus Valentinus, rogatu predictorum Petri s(cilicet) de la Cort et sororis ejus Burzese, ad majorem firmitatem presentem cartam sigilli mei feci munimine roborari.

1. Original parch. de 22 lig. 1/2. Cf. EUSEBI, *Repert.*, p. 387 (ch. XII, n° 8).

XCII.   *12 mars 1205.*

CARTA QUA RAYMUNDUS DUX NARBONENSIS PEDATICO EXIMIT RES ET BONA ECCLESIÆ SANCTI RUFFI [1].

ANNO ab Incarnatione Domini M. CC. quarto, quarto idus
martii, regnante Philippo Francorum rege, nos Raymundus, Dei gratia dux Narbonensis, comes Tholosanus,
marchio Provincie, in remissione(m) delictorum nostrorum,
bona fide et sine dolo donamus et concedimus in perpetuum
cum hac carta Deo et ecclesie Beati Ruffi et fratribus omnibus ejusdem ecclesie, ut in omni terra et jurisdictione nostra
fratres seu res proprie ipsius ecclesie nullum usaticum vel
pedaticum in terris vel in aquis prestent, sed predicte ecclesie fratres et res omnes ab omni exactione pedaticorum [2] et
universorum usaticorum perpetuo inmunes sint et absolute.
Et si quis contra hoc indultum nostre munificentie venerit,
sciat procul dubio contra nos fecisse. Ego Anricus notarius,
ad majorem hujus facti certitudinem, sigillum domini comitis
apposui, mandato Stephani Aldinarii, vicarii ipsius in Nemausensi.

1. Copies dans OLLIVIER (J.), *Cart. de St-Ruf,* f⁰ 66 (extrait de l'original en parch. avec le sceau dudit comte, ce 6 déc. 1702) : *Arch. hist.
du Dauph.,* t. XV, f⁰ 248 (ex litter. original. eccl. Sⁱ Ruffi); EUSEBI,
Repert., p. 84 (Privilegium... sigillatum sigillo plumbeo, descripto
cum integro tenore in transumpto solemniter facto in pergameno coram Joanne Artaudi, officiali Faydit episcopi Avenionensis, ad instantiam Stephani Richardi, canonici S. Rufi, procuratoris, die 5 aprilis
1374, anno 1 Gregorii papæ XI,....).

2. B *pedagiorum.*

XCIII.   *Novembre 1205.*

CARTA DE NEMORE DE COLUMBARIO [1].

NOTUM sit omnibus hominibus, quod anno ab Incarnatione
Domini M⁰. CC⁰. V⁺⁰, in mense novembris, ego Rai-
mun[dus.......]onis, consilio et voluntate fratris mei
Ymberti et [am]ite mee Ticburgis, vendo vobis F(alconi),
ecclesie Sancti Rufi [ab]bati, et fratribus ejusdem ecclesie et
successoribus vestris, quicquid juris habeo vel habere debeo

pro frairesca in nemore de Columbario ; que frairesca confrontat ab oriente in terra que dicitur Culvi[n : q]ue terra est inter me et vos fratres Sancti Rufi ; ab occidente et meridie et septentrione vestrum nemus, sicut via dividit. Et est precium hujus venditionis XIII. libre Viennenses, de qui[bus confiteo]r mihi plenarie satisfactum fuisse. Hanc venditionem facio sicut melius et sanius potest intelligi. Quam nunquam movebo per me vel per alium ; quod si alius movere voluerit, me opponam et defendam pro posse meo : sic Deus me adjuvet et hec sancta IIII^{or} Evangelia ; et si plus valet, illud plus dono Deo et ecclesie Sancti R(uf)i in perpetuum. Ego Guntardus de Castro Novo, per me et successores meos, laudo hanc venditionem et promitto me custodem et defensorem et fidejussorem esse bona fide vobis predictis fratribus S^i R(uf)i ; pro quo laudamento sive promissione habui L. solidos, et ad majorem firmitatem habendam presentem cartam sigillo meo corroboravi. Quando Guntardus et Ticburgis amita Raimundi hoc laudaverunt, presentes erant dom. abbas, W(illelm)us de Mirabel, procurator S^i R(uf)i, Armannus prior Sancti Jacobi, Galterius Bregnon, P. Corrigia, Ugo Reginaudi, Heudras, filius Jarentonis Vache, Porcel, Simon Gravata, W(illelm)us Foresters, Boso de Larnage, Adalardus. Quando Ymbertus Runini hoc laudavit in claustro Sancti Jacobi et etiam super IIIj^{or} Evangelia juravit, presentes erant Armannus prior ejusdem loci, magister Helias, Ymbertus, W(illelm)us Frenirs de Insula, Ugo Vicarius, c(anonic)i S^i R(uf)i, P. Corrigia, Galterius Brignons, Arbertus de Chabreira, Nicholaus famulus dom. abbatis, Martinus famulus prioris Sancti Jacobi. Quando predictus Raimundus fecit hanc venditionem et juravit se non revocaturum, ante cameram abbatis Sancti R(uf)i, presentes erant Bernardus prior claustralis, W(illelm)us de Nempsa, Pontius Chais, Bonetus, magister Johannes, canonici Sancti Rufi, et Andreas conversus et W(illelm)us Pelliparius, et Gauterius Brignons et multi alii.

1. Original parch. de 22 lig., « Sid'a ». Cf. EUSEBI, Repert., p. 387 (ch. XII, n° 7).

XCIV.   *6 mai 1206.*

(INNOCENTII III PAPÆ CONFIRMATIO POSSESSIONUM
ET PRIVILEGIORUM ORDINIS SANCTI RUPHI) [1].

INNOCENTIUS episcopus, servus servorum Dei, dilectis filiis abbati Sancti Ruphi [2] ejusque fratribus, tam presentibus quam futuris, regularem vitam professis in perpetuum [3]. Regularem vitam eligentibus apostolicum convenit adesse presidium, ne cujuslibet temeritatis incursus eos a proposito revocet aut robur, quod absit, sacre religionis infringat. Eapropter, dilecti in Domino filii, vestris justis postulationibus clementer annuimus et ecclesiam Beati Ruphi [2], in insula que dicitur Esparveria sitam, in qua divino estis mancipati obsequio [4], felicis recordationis Alexandri et Urbani, predecessorum nostrorum, vestigiis inherentes, sub beati Petri et nostra protectione suscipimus et presentis scripti privilegio communimus. Inprimis [5] siquidem [6] statuentes [7] ut [8] ordo canonicus, qui secundum Deum et beati Augustini regulam in ecclesia vestra institutus esse dinoscitur [9], perpetuis in ea temporibus inviolabiliter observetur. Preterea quascumque possessiones, quecumque bona eadem ecclesia inpresentiarum juste et canonice possidet, vel in futurum concessione pontificum, largitione regum vel principum, oblatione fidelium seu aliis justis modis, prestante Domino, poterit adipisci [10], firma vobis vestrisque successoribus et illibata permaneant. In quibus hec propriis duximus exprimenda vocabulis : locum ipsum in quo memorata ecclesia [11] sita est, cum libertate et quiete ecclesiarum vestrarum, cimiteriis, prediis, terris, decimis et aliis ad eandem ecclesiam pertinentibus ; ecclesiam Sancte Marie intra urbem Lugdunensem, cum cimiterio, parrochia, decimis vinearum et capellis suis, videlicet Sancti Marcelli supra murum ipsius urbis, Sancti Andree de Corziaco et Sancti Marcelli ; ecclesiam de Comdoipso [12], cum XVI[a] [13] parte portus Rodani [14] Lugdunensis ; ecclesiam de Buxa [15], cum cimiterio, parrochia et [16] capellis suis, decimis de Gireu [17] et de Monloel [18] ; ecclesiam Ordenacii [19], cum VII [20] ecclesiis suis, ecclesiam scilicet de Colomeo [21], ecclesiam de Chillinio [22], ecclesiam de Corbelino [23], cum capella de Favergiis [24], ecclesiam de Romaniaco [25], ecclesiam Sancti Simphoriani [26] ; ecclesiam

Sancti Martini de Vienna, cum ecclesiis sibi subjectis : ecclesiam Sancti Nicecii [27], de Monte, de Cisilino [28] et de Vermeello [29], cum appendiciis suis ; ecclesiam heremitarum [30] de Cumba [31], cum appendiciis suis ; ecclesiam Sancte [32] Marie in insula subtus Viennam, cum ecclesiis de Vilosco [33] et de Losa, et omnibus aliis pertinenciis suis ; ecclesiam Sancti Andree de Costa, cum ecclesia de Flacceriis [34] et appendiciis suis ; ecclesias de Peladru [35], cum appendiciis suis [36] ; ecclesiam Sancti Martini de Peirau [37], cum capellis et appendiciis suis ; ecclesiam Sancte Marie de Annoniaco [38], cum ecclesiis Sancti Johannis [39], Sancti Rustici, Sancti Michaelis [40] et Sancti Dionisii [41], cum earum pertinenciis ; ecclesiam Sancti Jacobi in civitate Valentia [42]; ecclesiam [43] Sancti Petri Diensis [44], cum ecclesiis Sancti Petri de Valle Drome [45] et de Chalancone [46] ; ecclesiam Sancte Marie de Claellis [47], cum appendiciis suis ; ecclesiam de Tauliniaco [48], cum capella et pertinenciis suis ; ecclesiam de Argentio [49], cum pertinenciis suis ; ecclesiam de Volvento [50], cum pertinenciis suis ; ecclesiam de Medullione [51], cum suis [52] ecclesiis [53] de Podio, de Rocheta, de Villafrancha, de Verz, de Ysone [54], cum appendiciis et pertinenciis suis ; ecclesiam de Sarreriis [55], cum capellis de [56] Gaudesart [57] et Sancti Sepulcri, cum appendiciis suis ; ecclesiam Sancti Andeoli, ubi et corpus ipsius jacet, cum ecclesiis et pertinenciis suis : ecclesiam videlicet Sancti Michaelis, ecclesiam Sancti Policarpi [58], ecclesiam de Chalun [59] et ecclesiam de Chauzun [60], cum pertinenciis suis ; ecclesiam Sancte Marie de Flacciano [61] et ecclesiam Sancti Nazarii, cum [62] decimatione et pertinenciis suis ; ecclesiam Sancti Johannis Vallis [63] Longe ; ecclesiam Sancte Marie de Albaniaco [64], cum pertinenciis suis ; ecclesias de Betorita [65], Sancte Marie et Sancti Stephani, et ecclesiam de Barbaras [66], cum pertinenciis earum ; ecclesiam Sancti Johannis de Castro Novo [67], cum pertinenciis suis ; ecclesiam de Turre, cum ecclesiis Sancte Eulalie et Sancti Victoris et Sancti Petri de Ansuis [68], cum pertinenciis suis ; ecclesiam Sancti Petri de Venciis [69], cum ecclesia Sancte Cecilie et appendiciis suis ; ecclesia Sancti Veredemii [70], cum tota parrochia sua et rebus ad ipsam pertinentibus, et ecclesia Sancte Marie de Aquariis ; ecclesiam Sancte Marie de Mandolio, cum ecclesia de Inano [71] et earum pertinenciis ; ecclesiam Sancti Saturnini de Armazanicis [72], cum capella ipsius castri, et terciam partem [73] decimarum ecclesie de Telliano [74]; ecclesiam Sancti Martini de Cavairaco [75], cum capellis suis de Medio Campo, de Canois [76], cum pertinenciis suis; ecclesiam Sancti Jacobi de Melgorio, cum pertinenciis suis; ecclesiam de Seta, cum pertinenciis suis; ecclesiam Sancti Petri de Castro Novo, cum honore et pertinenciis suis; ecclesias Sancte Marie et Sancti Felicis, cum pertinenciis suis; ecclesiam Sancte Marie de Bisulduno [77], cum ecclesiis suis Sancti Vincentii, Sancte Marie Nove, Sancti Martini de la Pellada [78], de Saras [79], de Socoaras [80] et de Balbis [81], Sancti Cornelii, Sancti Silvestri, Sancti Quintini et ecclesia de Ribellis [82], cum omnibus earum pertinenciis; ecclesias Sancte Marie de Terracia [83], cum ecclesiis Sancti Petri, Sancti Michaelis, Sancti Fructuosi, Sancti Juliani, Sancte Eulalie, cum earum pertinenciis; ecclesiam Sancti Ruphi extra muros civitatis Ilerde [84], cum pertinenciis suis; ecclesiam Sancti Michaelis de Scalada [85], cum ecclesia Sancti Fructuosi in eodem loco sita; ecclesiam Sancti Martini de Ponte, cum ecclesia Sancte Marie in eadem villa sita; ecclesiam Sancti Felicis, cum ecclesia Sancte Marie; ecclesiam Sancti Cipriani [86] de Villa Mors [87]; ecclesias de Scalada [88]; ecclesiam de Villa Morli [89]; ecclesiam de Robolar [90]; ecclesiam Sancti Petri de Canafaia [91], cum ecclesia Sancti Mauritii, Sancti Ylarii [92] de Mollerone [93], capella de Fossa, ecclesia de Lodorderia [94], ecclesia de Lilio [95], ecclesia de Brolio [96], ecclesia Sancti Sulpicii et [97] de Taluc [98], ecclesia Sancte Gemme [99], cum omnibus pertinenciis suis; ecclesiam Sancti Mauritii de Cesai [100], cum pertinenciis suis; ecclesiam de Mornaco [101], cum ecclesiis suis de Matis [102], de Bacia [103], de Colione, de Caleveda [104], cum omnibus earum pertinenciis; ecclesiam Sancti Michaelis de Janua [105], extra muros civitatis, cum pertinenciis suis; ecclesiam Sancti Nicolai [106] in Colle Montis [107], cum pertinenciis suis; ecclesiam de Lovadisio [108], cum pertinenciis suis; ecclesiam Sancti Stephani in Campania, extra muros civitatis Papie, cum ecclesiis suis Sancte Marie in Campo, Sancti Petri in Silva [109], cum omnibus earum pertinenciis; ecclesiam Sancte Marie de Pilia, cum capellis suis; ecclesiam Sancti Simphoriani [110] et Sancte Tecle [111], cum [112] earum pertinenciis; ecclesiam Sancti Petri de Ouchis [113], cum pertinenciis suis; ecclesiam Sancte Marie de Bello Joco [114], cum capella et aliis pertinenciis suis; ecclesiam de Marialdo [115], cum pertinenciis suis; ecclesiam Sancte Marie de Calonio [116], cum capella Sancti Jacobi de Albarii [117], cum aliis pertinenciis suis ; ecclesiam Sancte Marie de Valle Clusa [118], cum pertinenciis suis ; ecclesiam Sancte Marie Bonarum Vallium, cum pertinenciis suis ; ecclesiam Sancti Andree post Rocham [119] et Sancti Martini de Aviac [120], cum pertinenciis earum ; ecclesiam Sancte Marie de Insula juxta castrum Chireu [121], cum pertinenciis suis ; ecclesiam Sancti Mauricii [122] de Uzone, cum parrochia de Charnas et aliis pertinenciis suis ; ecclesias de Cuilach [123] et de Nior [124], cum pertinenciis earum. Nichilominus venditionem insule Esparverie, que subtus Valenciam sita est, quam bone memorie Odo Valent(inensis) episcopus vobis et ecclesie vestre, cum assensu et conivencia [125] canonicorum suorum, rationabiliter fecisse dinoscitur, et alias adquisitiones vestras vobis et ecclesie vestre auctoritate apostolica confirmamus. Sane laborum vestrorum, quos propriis manibus aut sumptibus colitis, seu de nutrimentis vestrorum animalium nullus a vobis decimas exigere vel extorquere presumat. Nulli quoque episcoporum fas sit sine Romani pontificis vel legati ejus audiencia, vos vel ecclesias vestras interdicto vel excommunicationi subicere aut judicio pregravare. Cetera quoque omnia, que vobis a predecessoribus nostris felicis memorie Urbano et Alexandro, Romanis pontificibus, concessa et privilegiis confirmata sunt, nos etiam concedimus et presenti pagina confirmamus. Sepulturam quoque ipsius loci et ecclesiarum vestrarum, que cimiteria noscuntur habere, ad exemplar pie recordationis Paschalis [126] pape, predecessoris nostri, liberam esse decernimus, ut eorum, qui se illic sepeliri deliberaverint, devotioni et extreme voluntati, nisi forte excommunicati vel interdicti sint, nullus obsistat : salva justicia illarum ecclesiarum a quibus mortuorum corpora assumuntur. Liceat preterea vobis clericos vel laicos e seculo fugientes, liberos et absolutos ad conversionem recipere et absque contradictione aliqua retinere. Cum autem generale interdictum terre fuerit, liceat vobis clausis januis, exclusis excommunicatis et interdictis, non pulsatis campanis, suppressa voce divina officia celebrare. Prohibemus insuper ut nulli fratrum vestrorum post factam in eodem loco professionem, absque abbatis et sanioris partis vel majoris capituli permissione, liceat de claustro vestro discedere ; discedentem autem, sine comunium litterarum cautione, nullus audeat retinere. Decernimus ergo ut nulli omnino hominum liceat in vestris ecclesiis indebitas et novas exactiones impo-

nere, possessiones vel bona auferre vel ablata retinere, minuere seu quibuslibet vexationibus fatigare; sed illibata
omnia ac integra conserventur, eorum pro quorum gubernatione ac sustentatione concessa sunt, usibus omnimodis
profutura: salva sedis apostolice auctoritate et in predictis
ecclesiis diocesanorum episcoporum servata secundum prescriptam formam canonica ratione. Si qua igitur in futurum
ecclesiastica secularisve persona hanc nostre constitutionis
paginam sciens contra eam venire temptaverit, secundo terciove commonita, nisi presumptionem suam congrua satisfactione correxerit, potestatis sue honorisque dignitate careat,
reamque se divino judicio existere de perpetrata iniquitate
cognoscat, atque a sacratissimo Corpore et Sanguine Dei et
Domini redemptoris nostri Jhesu Xpisti aliena fiat, atque in
extremo examine divine ultioni subjaceat: cunctis autem eidem loco sua jura servantibus, sit pax Domini nostri Jhesu
Xpisti, quatinus et hic fructum bone actionis percipiant et
apud districtum judicem premia eterne pacis inveniant.

Amen.   Amen.   Amen.

Ego Innocentius, catholice ecclesie episcopus, s(ub)s(cripsi).

† Ego Petrus, Portuensis et Sancte Rufine [127] episcopus, ss.

† Ego Johannes, Sabinensis episcopus, ss.

† Ego Nicholaus [128], Tusculanensis episcopus.

† Ego Petrus, t(i)t(uli) Sancte Cecilie [129] presbiter cardinalis [130].

† Ego Guido, presbiter cardinalis Sancte Marie trans Tibe-
rim tituli [131] Calixti, ss.

† Ego Johannes, tituli Sancti Stephani in Celio Monte presbiter cardinalis, ss.

† Ego Cinth(ius) [132], tituli Sancti Laurentii in Lucina presbiter cardinalis, ss.

† Ego Soffredus, tituli Sancte Praxedis presbiter cardinalis, ss.

† Ego Gregorius, tituli Sancti Vitalis presbiter cardinalis, ss.

† Ego Leo [133], tituli Sante Crucis in Jerhusalem presbiter
cardinalis.

A|ω Ego Rotgirius [134], tituli Sancte Anastasie presbiter
cardinalis.

† Ego Gregorius, Sancti Georgii ad Velum Aureum diaconus cardinalis.

† Ego Guido, Sancti Nicolai [135] in Carcere Tulliano diaconus cardinalis.

† Ego Petrus, Sancti Angeli diaconus cardinalis [136].

Datum Rome, apud Sanctum Petrum, per manum Johannis Sancte Marie in Cosmidin [137] diaconi cardinalis, sancte Romane ecclesie cancellarii [138], pridie [139] nonas maii, indictione viij* [140], Incarnationis Dominice anno M°.CC°.VI° [141], pontificatus vero domini Innocentii pape III anno viiij° [142].

1. Original parch. à Paris, Bibl. Nat., ms. lat. 9071, Variæ chartæ (A). Vidimus de l'official de Valence, du 26 sept. 1355, aux Arch. du Rhône, fonds de la Platière (B) ; autre de Franç. du Puy (1487), f° 1ᵇ-2, nᵉ II (C). Copies dans : PEIRESC, ms. LXXV (à Carpentras), t. II (D) ; OLLIVIER (J.), Cart. de St-Ruf, f° 68 (E) : Arch. hist. du Dauph., t. XV, f** 253-6, ex litt. originalib. eccles. Sᵗⁱ Ruffi (F) ; EUSEBI, Repert., p. 291-2, incomplet (G). Texte impr. dans : PETIT, Theodori Pœnitent., t. II, p. 616-21, ex Chartul. ecclesiæ S. Ruffi (H) ; BRÉQUIGNY, Diplomata, 1797, t. II, pars II, p. 897 (J) ; Patrol. latina (Migne), t. CCXV, c. 885-8 (K) ; GUIGUE, Cartul. Lyonnais, t. I, p. 132-7, d'après B (L). Cff. FONTANIEU, Cart. du Dauph., t. I, fᵉ 154* ; EUSEBI, Repert., pp. 61, 63, 70, 77 ; BRÉQUIGNY, Table chronol., t. IV, p. 385 ; POTTHAST, Reg. pont. Rom., n° 2768.

2. Al. Ruffi, Rufi. — 3. CL imp-m. — 4. EFH e. d. o. m. — 5. EF Imp-s. — 6. H omet. — 7. EF statuimus. — 8. L quod. — 9. Al. dign-r. — 10. EF adhi-i. — 11. EFKL e. m., H e. vestra m. — 12. G Condoyso, FH C-sso. — 13. Al. sexta decima. — 14. FGHK Rhodani. — 15. K Busca. — 16. Al. om. — 17. C Buxeu, G Buxia, K Giren. — 18. GL Monluel, EF Montluel, H Monthoel. — 19. G O-natii, EK Ordin-i, HL O-nacii. — 20. Al. septem. — 21. L. Cal-o, K Columneo, EF Colonico, H om. — 22. F Chilinio, L Chilluno, K Chimillino. — 23. CGH C-llino, K Corbil-o. — 24. K Fone-a. — 25. L R-naco.—26. Al. Sym-i.—27. GHK Nicetii, E Nicescii, F Nicesii.—28. G Ces-o, EF Sisil-o, H Sicill-o, K Cilizino. — 29. L Vermeollo, FGH V-ello, K Vernicello. — 30. HK e-m. — 31. FK Comba.— 32. H Beatæ. —33. L Bi-o.—34. EF Flace-s, GH Flaveriis.—35. K Peludru.—36. H om. — 37. L Peyrau, EFH Perau, G P-udo. — 38. K Amm-o. —39. Al. Joa-s. — 40. F Micahelis. — 41. GH Dionysii, K Dyonisii. — 42. G V-iæ, L V-inensi. —43. F e-as. — 44. CG Dyensis. —45. K V-ed-e. —46. A C-ñ, EF C-n, L C-nio, H Chalençon, K Calancon. —47. K Cha-s.—48. G T-ano, L Cauliniaco. — 49. C A-ncio, E Argontio, F Arguntio. —50. E V-te, F V-nco, L Bolvenvo, H om. — 51. E M-ulione. —52. CFHL tribus. — 53. K c. e. sibi subjectis. — 54. Al. P., de Verz (FH Verez, L Vers) et de Roca (K Rocha, L Rota, H Bota), K P., de V., de R. et de V-a-F-a. — 55. F Ser-s, K Sairrariis. — 56. Al. de Isone (L Izone, H Iione) et de. — 57. K G-eisart, F Gaudissart, H Goudesiart. — 58. H Polyc-i. — 59. K Chalo. — 60. C Chaurun, H Chazun, K om. — 61. F Flaci-o, K Flacti-o. — 62. CEFH c. ea, K c. vinea, L c. ejus. — 63. L J. de V.— 64. L A-c, EFH A-at. — 65. EF B-rrita, K Buorzita. — 66. K Barbairaz, H om. — 67. K C-o-N-o, H om. — 68. EF Ansuys, K Aurvis, L Ausins. — 69. EFK Ventiis. — 70. EF V-dinii,

H V-dimii, K V-duni, L V-denni, C Verendemii. — 71. FH Ivano, EK Juano. — 72. H Ama-s, L Arm-itis, EF A-ncas. — 73. K t-a p-e. — 74. F Tal-o, H Til-o, K Tei-o, L Cellian. — 75. FL Cavayraco, E Cavey-o, H Caucyraco. — 76. EFH Canoys. — 77. K Bisanduno. — 78. H Lap-a, K Cap-a. — 79. A S. e de. — 80. A Sic-s, CK Sac-s, EF Socoras. — 81. K Babis. — 82. L Rab-s, H Ribillis. — 83. EFH Tar-a. — 84. EFK Ylerdæ. — 85. L Sta-a, H Desca-a. — 86. HK Cyp-i. — 87. FHK V-am-. — 88. H S-do, L Stalada. — 89. FK V-am-, L V. Morh. — 90. E R-llar, F R-rd, H R-lo, L Robolart. — 91. H Cavafaya. — 92. F Yll-i, E Hilarii. — 93. A M-ñ, L M-n, F Mollaone, C Maul-ne, F Mollaone. — 94. K Loto-a. — 95. F Lelio. — 96. EF Brollo, L Brulio. — 97. HL om. — 98. L Talut, EF Daliet. — 99. EF Geniviæ, K Gennuæ, L Gerane. — 100. EF Cezay, L Testu, H om. — 101. H Morniaco. — 102. EFHL Mans. — 103. K Batia. — 104. EF Calevida, HL Caleneda, K Caloveda. — 105. H Ianna. — 106. L Nicholay. — 107. HL C-em-s. — 108. F L-desio. — 109. H Sylva. — 110. Al. Sym-. — 111. EFK Redæ, H Rhedæ. — 112. ACEHL et. — 113. F O-iis, H Onchis, K Cuchis. — 114. HK Belloloco. — 115. H Marioldo. — 116. EF C-is, L Calomo. — 117. EF A-ris, H A-iis. — 118. Al. V-ec-a. — 119. EFH Rocam, L Rotam. — 120. L Jamac. — 121. EK Chiren, F C-nc. — 122. AC Martini. — 123. H Cuihac, K Ciulac, L Curlach. — 124. EF Nier, H Niose, L Mor. — 125. EFHK conn-a, AL conveniencia. — 126. EFL Pascalis. — 127. EFHL Ruffine. — 128. EH Nico-. — 129. EF ecclesiæ. — 130. H om. *Ego...* — 131, etc. H titulo. — 132. EF Eustachius, L Guich. — 133. EFH Bo. — 134. EFHL Rogerius. — 135. L Nicholay. — 136. K om. *Ego Innoc... cardin.*-- 137. H Cosmindin, K Comesdin, L Cosmidon. — 138. EF om. — 139. HKL II. — 140. K octava. — 141. KL millesimo ducentesimo sexto. — 142. H IX, KL nono.

XCV.   *(1207-).*

(CARTA GUILLELMI DE CHANDIEU ET FRATRUM EJUS) [1].

A B C D E F G H I K L M N O P Q R

Notum sit omnibus, tam presentibus quam futuris, quod Guillelmus de Chandieu et fratres ejus habebant tres solidos censuales ab ecclesia Sancti Victoris, in ortis qui sunt ante domum Sancti Emiliani, quos donat Guigo d'Aleissa. Istos III. solidos dederunt et laudaverunt omnino ecclesie Sancti Victoris; pro quibus ecclesia Sancti Victoris dedit et concessit Guillelmo de Chandieu et fratribus ejus III. solidos censuales, quos donant: Ugo de Aosta XII. denarios pro hoc quod habet apud Cereum, Petrus Stephani XII. den. pro hoc quod habet in Frenataria veteri, Johanc Robóus VIII. den. pro hoc quod habet in Ouchis, Nicholaus Chapota

iiii. den. pro domo sua. Retinuit tamen sibi dominium ecclesia, hoc pacto quod medietas venditionum et placitorum sit ecclesie et medietas Guillelmi et suorum. Sciendum quoque quod Guillelmus de Chandieu et sui defendere debent ab omni querela et injuria predictos iii. solidos apud Sanctum Emilianum ecclesie Sancti Victoris ; similiter et ecclesia debet defendere ab omni querela et injuria Guillelmo de Chandieu et fratribus ejus illos tres solidos quos eis concessit infra urbem. Guillelmus autem et fratres ejus pro hac re homines ecclesie esse debent. Hec commutatio facta est in presentia domni Arnaldi abbatis et Reimundi Ademari, prioris, et Vitalis et Girberti de Meseras et Poncii Arveu, et Rotllandi monachi et Raimundi de la Plaza, et Petri Audrá et Poncii d'Alavart, et Ymberti Valentie et Petri Cellarer, et Bernardi de Mont Mira et filii ejus.

1. Original parch. de 14 lig., très grosse écriture. Cf. Eusebi, Repert., p. 384 (est cum alfabeto).

XCVI. 1207.

Carta de dono quod fecit domina Johanna ecclesie Sᴵ Rufi, videlicet de manso de Francoel quod est apud castrum de Seuza [1].

UNIVERSIS hec legentibus et audientibus notum sit quod, anno ab Incarnatione Domini Mº.CCº.VIIº, ego Johanna dono Deo et ecclesie S(anct)i Rufi filium meum P(etrum) pro fratre et canonico ; et consilio et voluntate filiorum meorum Amedei et Eudonis, per me et per omnes successores meos, pro remissione peccatorum meorum, dono Deo et ecclesie Sᴵ Rufi et ejusdem ecclesie fratribus in perpetuum omne jus et dominium et omnem proprietatem quam habeo vel habere debeo in manso de Francoel, qui est apud castrum Seuza, videlicet homines, census, domos, vineas, terras cultas et incultas, prata, pascua, arbores fructiferas et non fructiferas, et quidquid prorsus excogitari potest ad ipsum mansum vel aliud jus meum, si quod est, in toto territorio predicti castri pertinens ; libere et absolute, pro franco allodio, sine omni exactione mei et meorum, et absque omni censu, servitio et usatico, bajulatione vel custodia alicujus, dono predictis fratribus, ad habendum, possidendum et faciendum quidquid fratres predicti facere voluerint, sine omni contradictione mei et meorum, sicut melius et sanius intelligi potest. Et ad majorem firmitatem habendam rogo dom. V(mbertum) Diensem episcopum, ut presentem cartam sigilli sui munimine corroboret. Nos Amedeus et Eudo, filii predicte dom. Johanne, predictam donationem laudamus et confirmamus, et promittimus quod per nos vel per alium (querelam) non movebimus ; et si aliquis illam moveret, nos pro sensu et posse nostro contra opponemus et domum S¹ Rufi manutenebimus. Sic Deus nos adjuvet et hec sancta IIIJ°ʳ Evangelia. Quando Amedeus, filius dom. Johanne predicte, laudavit et confirmavit predictam donationem et juravit super IIIJ°ʳ Evangelia quod nunquam per se vel per 'alium moveret, presentes erant dom. A(rnaldus) abbas S¹ Rufi, Disderius prior de Crista, Avundus socius ejus, Guigo de Seuza, Paganus, Arnaldus Willelmi, Umbertus Espallart, Arbertus de Cornilio, Willelmus Silvestre. Quando Eudo, filius dom. Johanne predicte, laudavit et confirmavit prefatam donationem et juravit super IIIJ°ʳ Evangelia quod nunquam per se vel per alium moveret, presentes erant Stephanus sacrista, W.de Nemauso, W. de Bonis Vallibus, procurator, W. Rainoardus, Arnaldus de Tornone, P. de Comellis, hospitalarius, Gotafridus, P(etrus) vetus, Aimericus de Bonis Vallibus, canonici S¹ Rufi, Aimo conversus, W. frater Chavais. Ego Umbertus Diensis episcopus, rogatu dom. Johanne et filiorum ejus Amedei et Eudonis, ad majorem firmitatem habendam presentem cartam sigillo meo corroboro.

1. Original parch. de 18 lig. 1/2 ; au dos : *Chateau Seras.* Cf. EUSEBI, *Repert.*, p. 386.

XCVII. *19 septembre 1208.*

(CARTA) DE TERRA OGERII PROPE PRIORATUM [1].

SCRIPTA RERUM GESTARUM MEMORIAM TRANSMITTUNT AD POSTEROS ET CERTIUS VENDICANT, SI FIANT SOLLEMPNITER, SIBI FIDEM. Quapropter presens testatur pagina quod, cum Orgerius [2] tenementum suum, quod habebat prope monasterium Sancti Felicis, vendidisset Gontardo priori ejusdem monasterii et capitulo, ego Umbertus, Dei gratia Valentinus episcopus, super vendicione illa movi querelam, credens quod mei juris et dominii esset. Unde dictus prior et capitulum accedens cum eo, per cartas dom' Odonis predecessoris nostri et W(illelmi) de Clairiaco, qui tunc temporis vicem gerebat abbatis, eorum sigillis [muni]tas nobis ostenderunt et certos nos fecerunt, quod Orgerius [3], quondam bajulus domus Sancti Felicis, tam presentibus quam futuris canonicis ibidem degentibus, pro redemptione anime sue, dictum tenementum cum aliis suis possessionibus donavit, prefato dom° Odone episcopo et W° jamdicto, qui tunc temporis vicem gerebat abbatis, laudantibus et confirmantibus, et post ipsos dom° Falcone predecessore nostro laudante et confirmante. Sicut in utrorumque autenticis vidimus et legimus, ratum habemus, laudamus, concedimus et confirmamus, et predecessorum nostrorum vestigiis inherere volentes et quod ab ipsis rationabiliter facta sunt pro posse nostro illibata conservantes, tenementum dicti Orgerii [4] et quicquid infra murum coherentem fossato civitatis et portas [5] ipsorum canonicorum continetur, sicut tendit a porta civitatis usque ad portam ipsorum, totum eisdem canonicis libere, absque ullo censu, absque ullo usati[co laud]amus, concedimus et donamus, et auctoritate qua fungimur prohibemus ne quis in hac donatione nobis succedens de cetero aliquid querat, et ipsa ecclesia habeat et teneat, et ei liceat sicut de re propria facere et in pace perhenniter possidere; et ut hoc donum perpetue firmitatis robur obtineat, presentem cartam sigillo nostro fecimus communiri. Acta sunt in curia nostra hec apud Valenciam, juxta majorem portam curie nostre, anno Domini M° CC° VIJI°, xiji° kalendas octobris, indictione xij [6], concurrente ij, sedente in Urbe Innocentio papa. Testes sunt ipse prior, Odilio procurator dicte domus, W. sacrista, W. de Miribello, canonicus Sancti Ruphi, W. de Bello Monte, J. Gauterii, W. Chamarlenc, Andreas de Memoraz [7], W. de Geneves, Baudoinus. Ego Jacobus, domini episcopi notarius, ix anno pontificatus ipsius, presentem cartam mandato ejus scripsi.

1. Original parch. de 16 lig.; trace de sceau sur lacs de soie rouge et jaune. Autre orig.; copie. Texte impr. dans *S. Congreg. consist.* (1764), Summar. n° 6 (ex origin.). — 2. B *Triverius.* — 3. B *Olg-s.* — 4. B *Triverii.* — 5. B *capias.* — 6. Cette charte offre un exemple assez rare de l'indiction de Constantinople, qui commence au 1er septembre. — 7. S *Melioran.*

XCVIII.   1209.

(Donatio decimarum castri Montiliensis) [1].

Nos Lambertus decanus et capitulum Valentinense notum facimus universis quod nos, habito consilio et consensu, donamus et concedimus pro utilitate ecclesie S¹ Apollinaris in perpetuum domui S¹ Felicis Valentie, ad habendum vel possidendum vel quidquid ei placuerit faciendum, decimam seu decimas presentes vel futuras quas habet vel habere debet vel imposterum potest habere in castro Montilliensi et in toto mandamento ejusdem castri, excepta decima de Pontignac : (ita) tamen quod, pro decima castri et mandamenti Montiliensis, faciat annuatim domus Sancti Felicis ecclesie S¹ Apollinaris 40 sextarios frumenti ad mensuram veterem, ad faciendas michas, et decem sextarios ordei ad eamdem mensuram. Si vero decime supradicte plus valent vel erunt imposterum valiture quam valet census quem faciet domus Sancti Felicis ecclesiæ S¹ Apollinaris, totum illud plus valens, quantumcumque sit vel fuerit, donamus donatione irrevocabili domui Sancti Felicis supra nominate. Hec autem omnia et jura superius expressa sunt in capitulo Valentinensi unanimiter approbata et a capitulo Sancti Felicis acceptata. Predictus vero census solvi debet in festo sancti Apollinaris. Huic autem facto intervenerunt, ex parte capituli Valentinensis Petrus vicarius, Ismido, Amblardus, Bertrandus de Stella, Guglielmus de Liberon, Hugo de Stella, Guglielmus de Valle, magister Aymardus et plures alii ; ex parte vero capituli Sancti Felicis interfuerunt Gontardus ejusdem loci prior et Lancellinus prior de Cosau et Lancellus prior de Mancau, Guglielmus sacrista, Bertrandus Monotarius, Bonafollus, Guglielmus de Morelles, Petrus del Parere et plures alii. Acta fuerunt hec in capitulo Valentinensi, anno Domini 1209. In cujus testimonium presens charta sigillo S¹ Apollinaris fuit munimine corroborata.

1. Insérée dans la pièce suivante ; texte altéré.

XCIX. *1209.*

(CONFIRMATIO HUMBERTI EPISCOPI VALENTINEN.) [1].

UMBERTUS, Dei gratia Valentinus episcopus,] notum facimus universis presentes litteras inspecturis quod Gontardus, prior Sancti Felicis Valentie, presentavit nobis chartam sigillatam sigillo Sancti Apollinaris, quam nos vidimus etc., cujus tenor talis est : « Nos Lambertus.... (ch. XCVIII)... corroborata ».Supplicavit itaque nos dictus prior ut compositionem seu assensationem decimarum Montilisii, factam ab ecclesia Valentinensi domui Sancti Felicis, ratam haberemus. Nos vero, audito (a) decano et capitulo Valentinensi ita esse, sicut in eorum litteris continetur, predictam compositionem et assensationem decimarum Montilesii factum ab ecclesia Valentinensi domui Sancti Felicis, ad instantiam partium ratam habemus et etiam confirmamus, etc. Actum anno Domini 1209, in nostra curia. In cujus testimonium sigillum nostrum presentibus est appensum.

1. Insérée dans un vidimus du 19 septembre 1264.

C. *30 octobre 1210.*

(INNOCENTII III PAPÆ LICENTIA INSTITUENDI CANONICOS SANCTI RUFI IN ECCLESIA PATRACENSI) [1].

INNOCENTIUS episcopus, servus servorum Dei, venerabili fratri] archiepiscopo Patracensi [,salutem et apostolicam benedictionem]. Cum ecclesia cathedralis extra civitatem posita Patracensem, occasione sæcularium clericorum, qui jam in ea pluries ordinati, motu demum propriæ voluntatis dereliquerunt eamdem, debito servitio fraudaretur, nobis humiliter supplicasti ut licentiam instituendi conventum regularium canonicorum in ipsa, de collegio Sancti Ruffi, tibi concedere dignaremur; quibus ita es pollicitus providere : in primis siquidem terras eis et vineas assignabis, de quibus frumentum et annona sufficiens quinquaginta et vinum sufficiens sexaginta personis percipiant, sine suis laboribus aut expensis in eorum cellarium deferenda ; præterea statues ut eis pisces et sal ad sufficientiam sine pretio ministrentur, daturus ipsis nihilominus olivetum de quo percipiant oleum quod ad opus ecclesiæ nec non etiam ad victum sexaginta sufficiat personarum, conferens eis quoque villanos trecentas gallinas, ducentas oves, triginta porcos et centum libras ceræ ipsis annualiter tributuros, in præsentiarum ipsis ducentos porcos et oves largiens septingentas; pro vestibus autem assignabis eis in certis locis ducentos perperos (hyperperos) annualiter persolvendos; cæterum pro recipiendis pauperibus et hospitibus dabis eis quinquaginta carrugatas bonæ terræ, quadraginta boves et totidem vaccas, bubulosque triginta, et tantum vineæ de qua vinum pro decem personis proveniat annuatim, assignans nihilominus eis rusticos qui sine mercede vel expensis eorum in domo sua labores exerceant universos : omnium proventuum archiepiscopatus in decimis, mortuariis et eleemosynis eisdem medietate concessa. Quod si hæc omnia non duxerint acceptanda, dimidiabis cum eis cunctas possessiones ecclesiæ Patracensis : sic tamen quod ipsi persolvant crosticam annuatim, quam principi terræ ipsa ecclesia persolvere consuevit. Nos igitur piis tuis precibus inclinati, considerato quod non solum ecclesia memorata poterit in religione sic in se plantanda proficere, verum etiam ad alias quæ nuper sunt ad ritum Latinitatis adductæ propagationis suæ palmites dilatare, de consilio fratrum nostrorum hoc tibi duximus concedendum : ita nimirum ut, si qui de canonicis sæcularibus qui sunt ad præsens in ipsa voluerint ordinem suscipere regularem, hoc eis libere concedatur; illis autem qui ordinem ipsum suscipere recusaverint, dummodo per continuam residentiam ecclesiæ ipsi curaverint deservire, provideatur de proventibus ejus in congrua portione. Ad hæc præsentium auctoritate statuimus ut fratres ipsi tantum priorem sibi regulariter eligentes, ipsum tibi vel tuis repræsentent successoribus confirmandum, jure apud ipsos in perpetuum residente Patracensem archiepiscopum secundum statuta canonum eligendi. Nulli ergo, *etc.* nostræ concessionis et constitutionis infringere vel ei ausu temerario contraire. Si quis autem, *etc. usque* incursurum.

Datum Laterani, III kalendas novembris, pontificatus nostri anno tertio decimo.

1. INNOCENTII III *Reg.*, lib. XIII, ep. 159. Texte impr. dans *Innoc. epist.*, éd. Bosquet, 1635, p. 133 : éd. Baluze, t. II, p. 485; *Patr. lat.*, t. CCXVI, c. 336-7. Cf. POTTHAST, *Reg. pont. Rom.*, n° 4119.

CI. *30 octobre 1210.*

(Ejusdem super eodem abbati Sancti Rufi)[1].

INNOCENTIUS episcopus, servus servorum Dei, dilectis filiis (Arnaldo)] abbati et conventui Sancti Rufi [,sal. et apost. bened.]. Cum ecclesia cathedralis, *etc. ut in alia usque* fraudaretur, venerabilis frater noster Patracensis archiepiscopus nobis humiliter supplicavit ut licentiàm, *etc. ut in alia usque* de collegio ecclesiæ vestræ sibi concedere dignaremur; quibus ita est pollicitus providere : in primis siquidem terras eis et vineas assignabit, de quibus, *etc. usque* deferenda; præterea statuet ut eis pisces, *etc. usque* pro vestibus autem assignabit eis in certis locis, *etc. usque* pauperibus et hospitibus dabit eis quinquaginta carrugatas, *etc. ut in alia per totum usque* acceptanda, dimidiabit cum eis cunctas possessiones, *etc. usque* consuevit. Nos igitur piis ejus precibus inclinati, *etc. usque* de consilio fratrum nostrorum hoc sibi duximus concedendum : ita nimirum, *etc. usque* regulariter eligentes, ipsum sibi vel suis repræsentent successoribus confirmandum, *etc. usque* eligendi. Quocirca devotionem vestram rogamus attentius et monemus, per apostolica vobis scripta mandantes quatenus hujusmodi propositum prompto prosequentes favore, conventum de fratribus vestris eidem archiepiscopo, in suis deducendum expensis, propter hoc assignare curetis.

Datum, *ut in alia per totum.*

1. Innocentii III *Reg.*, lib. xiii, ep. 160. Texte impr. dans *Innoc. epist.*, éd. Bosquet, p. 134 : éd. Baluze, t. II, p. 485; *Patr. lat.*, t. CCXVI, c. 337-8. Cf. Potthast, *Reg. pont. Rom.*, n° 4120.

CII. *5 février 1211.*

Carta de aqua Sancti Victoris[1].

ABC DEF GHI KLM NOP QTR STU X Y Z &

NOTUM sit universis ad quorum noticiam presens carta devenerit, quod inter ecclesiam Sancti Ruphi et monasterium Sancti Theofredi[2] et domum Sancti Vic-

toris facta est composicio in hunc modum. Dictum est ut
domus Sancti Ruphi habeat alveum Sancti Victoris a principio usque ad insulam, et ducat aquam alvei per viam que
ducit ad Sanctum Victorem, vel per vineas vel terras adja-
centes, usque ad locum qui dicitur Campus Capionetus : ita
tamen quod terras vel vineas per quas alveus factus fuerit
emat a dominis suis. Pro placitamentis vero vel pro diminu-
cione census facienda secundum quantitatem terrarum illarum, domus S¹ Victoris nichil possit exigere ; de terris seu
vineis quas domus S¹ Victoris nullo mediante possidet, pro
faciendo alveo nichil habeat. Antiquus alveus remanebit liber domui S¹ Victoris : salvo tamen quod, si recompensa-
cionem facere potuerit hominibus per quorum terras vel
vineas alveus factus fuerit, arbitrio boni viri facere teneatur.
Domus S¹ Ruphi transferet molendina ad locum qui dicitur
Campus Capionetus, ubi melius sibi in ilio loco placuerit ;
et totus locus ille, a vinea que est Andree de Villa Nova
usque ad vineam Raynaldi de Pineto, liber et sine omni
questione remanebit ecclesie S¹ Ruphi ; et vineam illam
Raynaldi de Pineto ecclesia S¹ Ruphi libere, quandocumque
voluerit, adquirere possit sine placitamento, et in toto loco
illo nullus omnino possit accipere lapides vel arenam, nisi
ad opus molendinorum vel officiorum que ibi fient, et habebit
omnia que sunt in antiquis molendinis, tam in lignis quam
in lapidibus et omnibus utensilibus, exceptis quod de molis
fiet ad cognicionem W¹ Arnaldi. Similiter habebit omnes
alias officinas usque ad alveum insule, quas emet a dominis
suis, tamen sine placitamentis. § Pro molendinis et aliis
omnibus supradictis dabit ecclesia S¹ Ruphi quinquaginta
sestarios frumenti comunis ad molendinum Album, ad mensuram vendentem ad petram Valencie ; alios quinquaginta
ad eandem mensuram dabit de sigalo vel grano quod valeret
sigalum annuatim. Sciendum eciam quod domus S¹ Victoris
in predictis molendinis granum mense sue, quantumcumque
ei neccesse fuerit et quandocumque, et molendinarii molen-
dini gratis et sine omni expensa a domo S¹ Victoris bladum
usque ad molendinum portabunt et a molendino reporta-
bunt, et in molendino officium suum libere exercebunt : congrua tamen oportunitate captata. § Pro illo spacio quod erit
a molendinis usque ad insulam, sive sint ibi officine vel officia sive remaneat vacuum, domus S¹ Ruphi dabit annuatim
XL. solidos Viennenses domui S¹ Victoris. Hanc autem li-

bertatem habebit domus Sancti Ruphi, quod in illo spacio
poterit facere quicquid voluerit, sive in molendinis sive in
batitoribus vel eciam aliis quibuslibet officiis, et nullo mediante semper si voluerit poterit possidere ; si vero vendide-
rit aliquid quod in illo spacio contineatur, domus S^i Victoris
habebit placitamenta : ille tamen vel illi qui ement, ha-
bebunt super illud ab ecclesia S^i Ruphi et persolvent ei censum, quantuscumque sit : salvo tamen dominio et jure domus S^i Victoris, sicut supradictum est. Si vero contigeret
quod domus Sancti Ruphi vellet differre vel nollet, vel non
posset nunc emere illas officinas vel officia que sub molendinis sunt modo vel erunt, quantumcumque differatur de
prima vice qua emet sive unum sive omnia, non dabit placitamentum. Locus in quo sunt molendina antiqua remanebit
liber domui S^i Victoris. De orto de quo est questio ita fiet :
si domus S^i Victoris probare potuerit, ad cognicionem W(illelm)i Arnaldi, per ostensionem cartarum vel alia que sibi
fidem faciant, quod in predicto orto VI. denarios habeat censuales, ecclesia S^i Ruphi persolvat illos VI. denarios domui
S^i Victoris annuatim et ab ea dominium recognoscat : ita
tamen quod, nisi voluerint, nunquam vendere teneatur.
Hiis omnibus completis, domus S^i Victoris totum alveum et
omnia huic operi pertinencia bona fide pro omni posse suo
semper custodiet et defendet : quod si quis super hiis omnibus questionem moveret, secundum justiciam se opponet ;
et si contingeret quod domus S^i Victoris non posset aquam
de jure defendere, sicut usque modo consuevit habere, ecclesia S^i Ruphi non teneretur ei de censu. Ecclesia S^i Ruphi
sumet de aqua ubi voluerit et quantum voluerit ad intro-
ducendum in insulam et in monasterium, ad omnia que sibi
intus et extra utilia poterunt apparere. De aqua ipsius alvei
nullus poterit aliquid sumere a principio usque in finem,
sive voluntate ecclesie S^i Ruphi : salvo quod domus S^i Victoris ad opus orti mense sue, sine omni dampno molendinorum et officiorum, accipere poterit ; et hoc idem alii facere
poterunt, ad eundem modum ad quem aqua in veteri alveo
percipere consueverunt. Si domus S^i Ruphi nunc vel aliquo
tempore molendina vel officia vel aliquod·horum ad vitam
unius hominis dare voluerit, si aliquid ab illo acceperit vel
in denariis vel aliquo alio servicio, quantumcumque sit, placitamentum non tenebitur dare. Si contigeret quod per alveum novum quem faciet ecclesia S^i Ruphi non posset aqua

venire sicut creditur, ecclesia Sⁱ Ruphi de omnibus supradictis non teneretur. Verumtamen postquam ecclesia Sⁱ Ruphi aquam acciperet, de moltura quam ammiteret domus Sⁱ
Victoris, si factum sicut creditur compleri non posset, ei
satisfaceret arbitrio boni viri. Dimidium census predicti,
tam frumenti quam sigali et denariorum, persolvetur in
festo sancti Johannis et dimidium in Natali Domini. Sciendum eciam quod si domus Sⁱ Ruphi non posset ducere aquam
per alveum novum, terras emptas ad opus alvei libere posset vendere : salvo censu Sⁱ Victoris. Sane notandum quod
totus alveus et omnia que in eo fient, domui Sⁱ Victoris pro
predicto precio tenebuntur. Ad hec, si super facto aque vel
molendinorum a principio alvei usque in insulam aliquo
tempore questio moveretur, prior Sⁱ Victoris debet se opponere et juste ecclesiam Sancti Ruphi defendere : ita quod,
si causa secundum jus tractaretur, idem prior unum advo-
catum sub expensis suis usque ad decisionem cause habere
teneatur ; si vero plures advocatos cause difficultas deside-
raverit, uno excepto domus Sⁱ Ruphi suis expensis alios
tenebitur procurare ; nec poterit occasione querimonie an-
nuum censum retinere, dummodo ecclesia Sⁱ Victoris eam
juste defendere sit parata. § Acta sunt hec anno ab Incarna-
cione Domini Mº.CCº.Xº, in capitulo S(anct)i R(uph)i, nonis
febroarii ³, die sabbati. Ego P(etrus) Gasdinus, abbas S(anct)i
Theofredi ⁴, in capitulo Sⁱ Ruphi, presente conventu, quicquid in hoc instrumento continetur, consilio omnium fratrum nostrorum monachorum ecclesie Sⁱ Theofredi qui
presentes aderant et absentes, laudavi et approbavi, atque
sigilli nostri munimine et conventus presentem cartam roboravi. Et ego Ar(naldus), ecclesie Sⁱ Ruphi abbas, hoc
idem laudavi et confirmavi, et sigillum nostrum et conventus
apponi feci. Testes ex parte abbatis Sⁱ Ruphi fuerunt : R.
Rufus, prior claustralis, Ar. de Castilon, prior Sⁱ Martini de
Vienna, S. medicus, sacrista, V. de Annonayco, prior Sⁱ Jacobi, P. Chays, Wⁱ de Nemaso, B. Petri, Helias, Alfandus,
Falco de Monte Mira, camerarius, G. de la Fara, procurator,
Jo. de Alvernia, Jo. de Vienna, B. filius Ay. de Navas, S.
d'Ayrolas, helemosinarius, Eustorgius, Wⁱ de Monfri, V. de
Moyfo, G. dol Bizage, F. de Sancto Georgio, Wⁱ de Anno-
nayco ; ex parte abbatis Sⁱ Theofredi ⁵ : Aymarus de Tribus
Cerris, Bertrandus Maletus, Stephanus de Lesinnas, Falco
prior Sⁱ Victoris, Raymundus de la Noiol, Wⁱ de Cobo,

Icterius de Chapio, Poncius de Montels, Ugo de Mont Revel. § Eodem anno, in capitulo S[i] Theotfredi presentes fuerunt Umbertus de Breisseu, prior claustralis, Pon. de Fraissenet, elemosinarius, Pe. de Monlaur, decanus, Ugo de La Valleta, sacrista, Pe. de Montells, procurator, Giraldus del Bisage, cantor, Martinus del Chausse, Bonafos de la Capella, Armannus de Chadro, Guigo de Clavenas, Girinus Bos Johans, Pon. de Chamaleiras, S. de Bouzol, S. de Chabassa, Zacarias, Pe. Chabanels, Rai. de Pradellas [6], Girbertus, Tornonelus, Rai. d'Arssas, Pe. de Clavenas, Arnaldus de Bousol, Bertran. Pelos, Pon. de Rocha, Droco de Castel Nóu, Blancs Veiers, Pon. [7] Chabrols, Jo. Chabrols, Garinus, Gregorius, Rai. de Polomnac [8], Rai. de Fraissenet, Bertran. de Lavalleta, Goschalcus.

[9] Et ego Umbertus, Dei gratia Valentinus episcopus, ad preces utriusque partis omnia suprascripta sigilli mei apposicione confirmo.

1. Original parch. de 25 lig. 1/2; traces de six sceaux pendants sur lanières de cuir et cordonnets à double queue. Autre orig. de 26 lig. 1/2; traces des mêmes sceaux pendants de même et fragment du 4ᵉ : aigle éployé, † S...... Cf. Eusebi, *Repert.*, p. 386.
2. A *Tehofredi*. — 3. A *M*°. *C* (2ᵉ *C* gratté) °. *X*°, *n. f., in c. S*[i] *R*[i]. — 4. B *Tehofredi*. — 5. *Teheofredi.* — 6. A *Pradellis*. — 7. A *Pon. de.* — 8. A *Poloniac.* — 9. D'une autre main, peut-être originale.

CIII.   *Mars 1216.*

Carta Raimundi de Crocol [1].

AB HUMANA SEPE LABUNTUR MEMORIA QUE NEC SCRIPTIS NEC TESTIBUS CONFIRMANTUR. Notum igitur sit omnibus ad quorum manus presens carta devenerit, quod de controversia que vertebatur inter ecclesiam Sancti Rufi et Raimundum de Cruçol, super terris quas habet ecclesia jamdicta in plano de Cruçol, in quibus predictus R. de Cruçol querebat medietatem octave partis de miliis, quam aliam medietatem habet et tenet ecclesia Sancti Rufi a Milone de Grauso in helemosinam : talis facta est composicio, per manus domini Umberti Valentini episcopi et W[i] de Cruçol, in quibus ambe partes compromiserant, ut eorum determinacione vel arbitrio quicquid compositum fuerit aut

sopitum, firmiter teneant et observent. Inde est quod ego
R(aimundus) de Cruçol diu in hac causa conquestus, juravi
quod nomine et jure nepotis mei R. Brunenc super predictis
terris conquerebar, quam querimoniam vel jus aut quicquid
in pretexatis terris jure vel injuria nunc vel in posterum per
me vel per filios meos aut per successores meos aut per
nepotem meum R. Brunenc, nomine alicujus census vel
usatgii aut alio aliquo modo petere possem, dimitto, solvo,
dono penitus et in perpetuum trado Deo et ecclesie Sancti
Rufi, prout melius et sanius intelligi potest, pro remedio
anime nepotis mei R. Brunenc et anime mee et parentum
meorum ; et hoc dono et concedo determinacione et amicabili composicione facta inter me et ecclesiam Sancti Rufi per
manus domini V. episcopi Valentini et W¹ de Cruçol. Unde
vobis dompno F(alconi), ecclesie Sancti Rufi abbati, et ecclesie vestre et vestris successoribus ego R(aimundus) de Cruçol et filii ¡mei, Ugo, Pe(trus) Ugo, W. Guigo, Raimundus,
Jaucerandus, Bertrandus, hanc donacionem vel concessionem bona fide et absque dolo concedimus, et etiam tactis
sacrosanctis Evangeliis in manu dom¹ episcopi juramus, laudamus, per nos et per successores nostros in perpetuo vobis
tenendam et in pace possidendam ; et si aliquis hanc composicionem vel donacionem et helemosinam revocare vel
infringere aut molestare attemptaverit, defensores et protec-
tores ego R. et filii mei et Lantelmus Cros nosmetipsos
constituimus et observatores ad utilitatem ecclesie Sancti
Rufi. Insuper vobis donamus fidejussores, scilicet dom. V.
Valentinum episcopum et Rostagnum vicarium Valentinum,
qui vobis tenentur si aliqua molestia vel dampnum super
hoc appareret aliquod. Facta est hec composicio et hele-
mosina atque concessio per manus dom. V. Valentini episcopi et W¹ de Cruçol, qui hoc determinaverunt et decreve-
runt consilio dom¹ B(ertrandi) abbatis Sancti Felicis et
R(ostagni) vicarii. Testes sunt W. de Castrobucco, miles,
W. de Cruçol, B. bajulus, W. Aillaudus, L. Gros, testis et
fidejussor, Airaudus, W. cellararius, B. abbas Sancti Felicis, B. Lumbardi, procurator Sancti Rufi, Stephanus Camerarii, Poncius Chais. Ego Jacobus, dom. episcopi notarius,
xvii. anno pontificatus ipsius, hanc cartam mandato ejus
scripsi et sigilli sui patrocinio communivi. Anno Domini
M°CC°XVI°, mense marcii.

1. Original parch.; trace de sceau pendant. Cf. Eusebi, *Repert.*,
p. 383.

CIV. *13 février 1217.*

DE TERRIS OGERII ET DE TASCHIIS DEL REVEST

CONFIRMATIO ABBATIS [1].

A B C D E F G H I K L

Gesta rerum scripture fidei commend[ata] fideliter suam solent notitiam exhibere memorie posterorum. Eapropter innotescat omnibus, tam presentibus quam futuris, quod dom. Bertrandus de Stella, abbas Sancti Felicis, movit controversiam contra ecclesiam Sancti Felicis, scilicet Odilionem priorem et canonicos ejusdem domus, super rebus quas Otgerius quondam donaverat eidem ecclesie, que spectant ad dominium abbatis,.......... causam questionis assignans, vel quod easdem res vendere necesse haberet ecclesia, quia apud eandem remanere non poterant..., eo quod placitamenta que ex ipsis rebus contingeret evenire, ad abbatem pertinere debebant, cum res predicte abbati duodecim solidos et quatuor sextaria advene singulis annis faciant, et sint de dominio ipsius abbatis. D[ictus] prior et [canonici] respondebant quod res predictas, quas Otgerius donaverat ecclesie Sancti Felicis, que spectant ad dominium abbatis, cum laudatione, consilio et voluntate dom. Odonis Valentini episcopi et Willelmi de Clariaco, qui tunc temporis vices gerebat abbatis, H[eustachii] prepositi, Humberti decani et tocius capituli Valentin. fuerat assecuta, et super hoc tam prior quam canonici cartam ostendebant sigillorum signatam; proponebant etiam quod tam ipse Otgerius quam ipsi post eum placitamenta que occasione..... proveniebant, longinquo tempore, cujus non extat memoria, perceperant in pace et quiete, et quod Otgerius in vineis que pertinebant ad suum dominium proprios homines habebat, qui custodiebant vineas et obolos pro custodia recipiebant; et habebat bajulum proprium, qui placitamenta ban..... onis perciperet. Que autem sunt de donatione Otgerii et de dominio abbatis huic presenti carte duximus inserenda : domum scilicet ante fores predicte ecclesie sitam, cum adjacentiis suis; tenementa quoque Sarandi Garcini et Triverii, et Johannis de Columberio et Bernonis Felicis et Andree Tabernarii, et quartam possessam culas Guioneti, prope murum civitatis sitam, terciam eciam quam tenet Bernardus de Monteux ; vineam quam tenet..... Oderiber supra vadum Barber....., quatuor solidos censuales in terra quam tenet W. de Ribena aput Charem ; quindecim peas vinearum aput Cherium ; vineas quas......... tenebat ab eodem Otgerio ; decem peas......... aput Crucem ; condamina sub grangia Hospitalis ; decem sextariatas terre aput Sender, juxta viam que ducit Montilisium ; terram Petri de Augusta, que fuit Baronis Felicis ; terras Rainerii et W. de Candiaco supra montem condamine contiguas ; unam peciem terre juxta terras Ugonis Plaunerii et Triverii ; duos solidos censuales in grangia Hospitalis ; novalia W. Johannis supra grangiam Hospitalis ; quatuor sextaria siliginis censualia in terra et nemore Hospitalis ; terram Girardi Garcini ad cherum Mainaut ; terram vicarie aput Broieras ; terram Guigonis Chandora ; tres pecies terre quas tenent Ramenses, quarum una est ad Cheusmanm......... super nemus Hospitalis, aliam super Semt..... in coneum qui contiguatur..... omon Chambardi : pro his omnibus idem Otgerius solvebat annuatim abbati Sancti Felicis duodecim solidos et quatuor sextaria advene in festo sancti Apollinaris. Hec vero discordia, mediantibus dom. Ugone de Berna, S.......ienso Albo, Ugone bajulo, magistro Ugone Bellicensi, Willelmo Arnaldi, canonicis Valentinis, in quos ab utraque parte fuerat compromissum, in hunc modum de consensu utriusque partis ad pacis concordiam est deducta. Dominus B. abbas Sancti Felicis quicquid juris, quicquid requisitionis sive in dominio sive in placitamentis sive in quibuscumque aliis causis abbas habebat vel videbatur habere in rebus que spectabant ad suum dominium, que pro remedio anime sue Otgerius contulit ecclesie S^i Felicis .... eis duodecim solidos censuales et quatuor sextaria advene ad mensuram veterem, necnon in terra que adjacet condamine del Fossa, in qua abbas solitus erat percipere duos solidos censuales et duo sextaria advene ad eandem mensuram veterem ....ivit et guerpivit Deo et ecclesie Sancti Felicis, O. priori et fratribus t. pres. q. fut. In istarum rerum permutatione idem prior et canonici comuni consensu dederunt et concesserunt eidem abbati et abbacie et omnibus post eum in abbatiam successuris in cuneo Rainenc VI peas vinearum, que prenant octo sol. censuales et octo saumatas vini ; in cuneo de Cruce, juxta [..... de] Monteilles, decem peas vinearum, quarum

unam tenet Guigona, que facit vi den. et.... censuales; unam
tenet Lambertus, que facit vi [saumatas] vini censuales:
decime vero supradictarum [rerum] remanent ecclesie S¹
Felicis. Item donat ecclesia S¹ Felicis abbati dominium
censuum... de platea, in qua percipit singulis annis iiii. sol...
Promittentes sibi ad invicem predictam compositionem sive
permutationem ratam et firmam inviolabiliter observarent
inperpetuum et........ quodcumque posset alterutri partium
competere in futurum, nisi nominatim esset expressum, specialiter remiserunt. Et est sciendum quod bajulus abbatis in
[rebus quas] abbas ecclesie S¹ Felicis concedit, nullam poterit ex[igere] bajulationem, set in rebus [quas ecclesia] concedit abbati suam habebit bajulationem; similiter bajulus
S¹ Felicis in rebus quas ecclesia S¹ Felicis concedit abbati,
non habebit bajulationem, set bajulus abbatis. Census vero
qui donatus fuit abbati ab ecclesia S¹ Felicis estimatus fuit
quinquaginta sol. et xii den., et census qui donatus fuit ecclesie predicte ab abbate estimatus fuit xxvi. sol..... ne tas-
chie quas acquisivit ecclesia Sancti Felicis a filiis Pe. Aude-
berti de Mon.... laudavit, concessit abbas ecclesie S¹ Felicis;
Plane abbas sacramento prestito promisit se observaturum
prefatam compositionem. Et ex parte ecclesie hoc idem firmavit sacramento Odilio prior Sancti Felicis, S. procurator,
W. sacrista, L. prior Montilisii, B. prior de Castrodupplo,
W. de Chabeolo, W. de Monteilz, V. de Castrobucco, G. de
Sparvei, V. Collins; presentibus et ad hoc vocatis W. de
Vaesco, W. de Liberone, V. de Stella, V. bajulo, magistro
V. Bellicensi, W. Arnaldi, canonicis Valentinis, Jarentone
de Stella et Nicolao clericis. Acta fuerunt hec et comprobata ab utraque parte, in claustro Sancti Felicis, anno ab
Incarnatione Domini M°.CC°.XVI°, idus februarii, currente
A dominicali littera. Et ad perpetuam firmitatem habendam
in antea et ut presens factum nulla possit malicia perturbari, rogaverunt dom. U(mbertum) Valentinum episcopum
et capitulum Valentin., L(ambertum) decanum et alios canonicos ut huic facto auctoritatis sue perpetuam attribuerent
firmitatem et sigillorum suorum munimine confirmarent;
qui utriusque partis precibus annuentes, presens factum
concesserunt, laudaverunt et firmaverunt, et sigillis suis
munierunt has cartas per alfabetum divisas, quarum unam
habet abbas S¹ Felicis sigillatam sigillis predictorum et sigillo S¹ Felicis, aliam habet ecclesia S¹ Felicis signatam si-

gillis predictorum et sigillo abbatis. Interfuerunt laudamento capituli Valentini L. decanus, P. cantor, Ismido de Chabeolo, Arbertus de Chabeolo, W. de Vaesco, W. de Liberone, V. del Belle, Arnaldus de Stella, W. Girberti, Eldeno, Jarento de Montemairano.

1. Original parch. de 31 lig. 1/2, qui n'est redevenu en partie lisible que par l'application d'un réactif chimique ; trace de sceau pendant sur double queue de soie rouge et jaune.

CV.   *7 juin-19 novembre 1218.*

(Carta) de domo in vico Sancti Sulpicii [1].

Noverint universi ad quorum notitiam presens scriptura pervenerit, quod Giraudus de Sancto Felice domum quandam suam, quam habebat ante carreriam Sancti Sulpicii, contiguam ex una parte domui Columbi bajuli et ex altera domui Johannis Segnioreti, cum orto ibidem adjacente et omni jure suo et omnibus pertinentiis ipsorum, pro salute anime sue et antecessorum suorum dedit et concessit inperpetuum Deo et ecclesie Sancti Felicis, Odilioni priori et fratribus ibidem servientibus, tam presentibus quam futuris, ut quicquid juris, quicquid requisitionis habebat vel habere videbatur ibidem, totum omni retentione postposita domus Sancti Felicis deinceps habeat et quiete possideat plene et absque omni diminutione. Hanc vero donationem, ad preces ipsius Giraudi, Pontius Chatberti, de cujus dominio prefate res habebantur, laudavit et concessit ecclesie Sancti Felicis, Odilioni priori et fratribus ejusdem domus t. pres. q. fut., et tactis sacrosanctis Evangeliis bona fide juravit se et successores suos fideliter in omnibus servaturum : salvo tamen censu ix denar. qui sibi et suis de cetero ab eadem ecclesia tantum modo prestabuntur, et suum inde habuit placitamentum. Quod actum fuit in capitulo Sancti Felicis, presente Odilione priore et canonicis ejusdem ecclesie, W° Bonodonno, sacrista, Jarentone procuratore, Roberto, Willelmo de Beles, Rostagno, Ugone de Tollin et Ugone Bajuli, W° de Maschailla, Arberto de Capreriis, Willelmo Columbo. Et sciendum quod, ad multas preces ipsius Giraudi de Sancto Felice, dom. Umbertus Valentinus

episcopus prefatam donationem, quam idem Giraudus fecerat ecclesie Sancti Felicis, Odilioni priori et fratribus ejusdem ecclesie presentibus et futuris, laudavit et concessit
eisdem et ecclesie Sancti Felicis perpetuis temporibus
habendam et pacifiçe possidendam, prout melius et sanius
posset intelligi ; et suum inde habuit placitamentum, et
Rostagnus Valentinus vicarius et Bartolomeus bajulus suum
similiter inde habuerunt placitamentum. Et ad rei memoriam conservandam in posterum, de mandato ipsius Giraudi
et Pontii Chaberti, huic presenti carte, in qua presens factum continetur annexum, sigillum suum dom. V. Valentinus
episcopus apponi jussit. De laudamento facto a dom. V.
Valentino episcopo, anno ab Incarnatione Domini M°.CC°.
XVIIJ°, vij. idus junii, in aula pontificali, testes sunt W.
Bonusdomnus, sacrista Sancti Felicis, Jarento procurator,
Willelmus de Beles, canonici Sancti Felicis, Willelmus de
Maleves, Bartolomeus bajulus, magister Willelmus de Liberone, Willelmus Chamarlencus, Bertrandus clericus, Ademarus de Auriolo, Vincencius Bozaz ; et Cristianus, dom.
episcopi capellanus, qui mandato ejusdem presentem cartam
suo sigillo signavit, anno pontificatus ipsius NONO DECIMO.
Hanc vero donationem B(ertrandus) abbas Sancti Felicis,
quia de feudo ejus erat patrimoniali, laudavit et concessit
O. priori et fratribus Sancti Felicis t. pres. p. fut. ut secure
et absque omni calumpnia in pace perpetuo possidendam ; et
ad perhennem rei memoriam presentem cartam sigillo proprio communivit. Acta sunt hec et comprobata a B. abbate
Sancti Felicis, anno ab Incarnatione Domini M°.CC°.XVIIJ°,
XIIJ. kalendas decembris, in camera inferiori B. abbatis,
versus virgultum, testibus intervenientibus et rogatis Willelmo Arnaldi et Ugone bajulo, canonicis Valentinis, O.
priore Sancti Felicis, L. priore de Coszau et L. priore Montilisii, G. priore de Insula, Willelmo de Chabeolo, sacrista,
Jarentone procuratore, Willelmo Columbo, bajulo domus
Sancti Felicis.

1. Original parch. de 29 lig., avec trace de sceau pendant sur soie
rouge. Autre original parch. de 15 lig., avec omission du § « Et
sciendum quod... sacrista Sancti Felicis. »

CVI.   *17 août 1218.*

(Compositio inter abbatem et priorem Sⁱ Felicis) [1].

IN nomine Domini. Nos Umbertus, Dei gratia Valentinus
episcopus, notum facimus universis quod, cum controversia haberetur inter priorem et canonicos Sancti Felicis ex una parte et dilectum in Xpisto filium B(ertrandum)
abbatem Sancti Felicis ex alia, super eo quod abbas dicebat
se debere habere procurationem in domo Sancti Felicis
quandocumque volebat et cum quibuscumque volebat, quod
dictus prior et canonici denegabant, tandem de communi
consensu et unanimi voluntate compromiserunt in nobis ut
super hoc nostre starent cognitioni, diffinitioni et mandato ;
qui, ab utraque parte sufficienti nobis prestita cautione et
juramento facto, assistentibus nobis priore Sancti Valerii,
quem prior et canonici Sancti Felicis nobis dederant asses-
sorem, et Ugone Bajuli, quem nobis dictus abbas exhibue-
rat, prefatam controversiam terminavimus in hunc modum.
Prior siquidem et canonici Sancti Felicis debent abbatem
recipere cum processione letabunda, et cum de novo creatus
fuerit et primo ad ecclesiam Sancti Felicis veniet, et procu-
rabunt eum splendide cum decem sociis et totidem servito-
ribus, et de cetero a procuratione abbati facienda domus
Sancti Felicis immunis erit, ita quod nullam in domo Sancti
Felicis possit exigere procurationem, et domus Sancti Felicis singulis annis persolvet abbati in festo sancti Andree LX.
solidos qui a priore vel a procuratore ei prestabuntur, vel ab
alio aliquo nomine eorumdem. Et propter hanc censualem
prestationem LX. solid. abbas tenetur amare ecclesiam Sancti
Felicis, manutenere et defensare. Hanc autem compositionem tenetur dictus abbas domui Sancti Felicis prestito
sacramento illesam servare in perpetuum et successores sui
post ipsum abbates ; simili modo dicti prior et canonici
tenentur eandem compositionem illesam servare eidem abbati et successoribus suis in perpetuum, sacramento corpo-
raliter prestito ab eisdem. Huic autem compositioni suum
assensum prebuit capitulum Valentinum, videlicet L(am-
bertus) prepositus, A. decanus, R. vicarius, Pe. cantor, V.
magister scolarum, V. de Stella, Ar. de Stella, W. de
Lib(er)one, Ar. de Cabeolo, Poncius Vicarius, magister V.,

Jarento de Montmaira, W. Girberti, W. de Vaesco, Eldeno, canonici Valentini ; O(dilio) prior Sancti Felicis, L. prior
de Cozau, L. prior de Monteilles, W. prior de Marnau, B.
prior de Castro Dupplici, W. Bosdonz sacrista, Ja. procurator, W. Bellicensis, Robertus, Rostannus de Drolin, V.
de Castro Bucco et Poncius Umberti, canonici Sancti Felicis. Testes : O. prior Sancti Valerii, Jarento de Stella,
Ber. capellanus, Nicholaus, V. de Colino, A. Galterii, W.
Arnaldi, A. bajulus, B. bajulus, W. Chamerlencus, J. Be-
roarz, Pon. Berengers et plures alii. Quod ut ratum habeatur, duas cartas per alfabetum divisas ad preces utriusque partis fecimus fieri, sigillo nostro, sigillo capituli Valentini, sigillo dom. (Johannis) archiepiscopi Viennensis,
sigillo ecclesie Sancti Felicis et sigillo abbatis Sancti Felicis roboratas. Actum anno Domini M°.CC°.XVIII°, xvi° kalendas septembris, apud Valentiam, in estris anterioribus.

1. Original parch. qui a eu 20 lig. 1/3, dont il ne subsiste qu'une
partie. Insérée dans la confirmation du 8 juillet 1222.

CVII. 1220.

(DURANDI EPISCOPI CABILONENSIS CONCESSIO ECCLESIÆ
DE CHANIACO ORDINI SANCTI RUFI) [1].

EGO Durandus, miseratione divina Cabilonensis episcopus,
omnibus presentes litteras inspecturis rei geste notitiam cum salute. Ex injuncto nobis officio tenemur
benignius procurare qualiter ecclesias, religionis titulo mul-
tipliciter prefulgentes, possimus beneficiis et honoribus [2] in-
signire. Nos itaque hac ratione ducti, ex [3] assensu dilecti
filii S(imonis) decani et totius capituli nostri, ecclesiam de
Chaniaco [4], cum capellis de Bozeron [5] et de Rumigny, et
omnibus pertinentiis suis et omnibus aliis que nunc habet
vel in futurum largitione fidelium, emptione, permutatione
vel [6] quolibet alio justo titulo in posterum, prestante Domino,
poterit adipisci, tibi Falconi abbati Sancti Rufi de [7] Valentia
et per te successoribus tuis et ecclesie tue concedimus perpetuis temporibus tranquille et pacifice possidendam : retento plenarie jure nostro et jure Jacobi clerici, ad quem in
vita sua ecclesia pertinet supradicta [8]. Sciendum est etiam

quod abbas Sancti Rufi et conventus unum de fratribus suis idoneum ad curam ecclesie presentabunt, et tam nos de cetero quam successores nostri presentatum incurabimus; incuratus vero nobis et nostris successoribus ad omnia ea tenebitur ad [9] que tenentur nostri alii sacerdotes; presentatus vero et incuratus·in vita sua prefate ecclesie preesse tenebitur, nisi ex sufficienti causa per episcopum Cabilonensem et abbatem Sancti Ruffi debuerit immutari. Sciendum est autem quod prefatus abbas vel conventus, authoritate alicujus privilegii impetrati vel deinceps impetrandi, sive alia qualibet occasione contra predictas pactiones venire nullatenus attentabunt. In cujus rei testimonium presentem cartam nostro et capituli nostri sigillis fecimus roborari. Facta est hec concessio apud Cabilonem, anno ab Incarnatione Domini M.CC.XX.

1. Insérée dans la lettre suivante. Cf. PAPILLON, *Bibl. d. auteurs de Bourgogne*, Dijon, 1742, t. II, p. 315.

2. Al. *moribus.* — 3. Al. *et.* — 4. Al. *Chagniaco.* — 5. Al. *Bozerom.* — 6. Al. *et.* — 7. Al. *in.* — 8. Omis *et jure supradicta.* — 9. Omis.

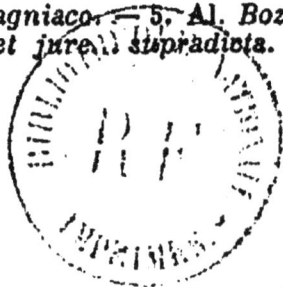

Principales Publications de l'Auteur.

DOCUMENTS INÉDITS RELATIFS AU DAUPHINÉ (Académie Delphinale), 2ᵉ volume, contenant les *Cartulaires de l'église et de la ville de Die*, le *Nécrologe de Saint-Robert-de-Cornillon*, un *Hagiologe* et deux *Chroniques de Vienne*, une *Chronique des évêques de Valence*, le *Cartulaire dauphinois de l'abbaye de Saint-Chaffre*, les *Pouillés des diocèses de Vienne, Valence, Die et Grenoble*. — Grenoble, 1868, fort in-8°, sceaux gravés . . . . 10 fr. »

RÉPERTOIRE DES SOURCES HISTORIQUES DU MOYEN-ÂGE. I. Bio-bibliographie. — Paris, société bibliographique, 1877-88, 5 fascic. très gr. in-8° . . . . 30 fr. »

INVENTAIRE DES ARCHIVES DAUPHINOISES de M. Henry Morin-Pons. Dossiers généalogiques, A - C. — Lyon, 1878, gr. 8°, fac-simile, sceaux . . . . 15 fr. »

LE MYSTÈRE DES TROIS DOMS, joué à Romans en MDIX, publié d'après le manuscrit original, avec le *Compte* de sa composition, mise en scène et représentation, et des *Documents* relatifs aux représentations théâtrales en Dauphiné du XIVᵉ au XVIᵉ siècle. — Lyon, 1887, in-4° . . . . 25 fr. »

ŒUVRES COMPLÈTES DE SAINT AVIT, évêque de Vienne, nouvelle édition publiée pour les Facultés catholiques de Lyon. — Lyon, 1890, gr. in-8° . . . . 12 fr. »

COLLECTION DE CARTULAIRES DAUPHINOIS :

Tome Iᵉʳ. CARTULAIRE DE L'ABBAYE DE SAINT-ANDRÉ-LE-BAS DE VIENNE, ordre de Saint-Benoît, suivi d'un *Appendice* de chartes inédites sur le diocèse de Vienne (IXᵉ-XIIᵉ siècles). — Vienne, 1869, gr. in-8° . . . . 12 fr. »

Tome II. ACTES CAPITULAIRES DE L'ÉGLISE SAINT-MAURICE DE VIENNE : *statuts, inféodations, comptes*, publiés d'après les registres originaux et suivis d'un *Appendice* de chartes inédites sur le diocèse de Vienne (XIIIᵉ-XIVᵉ siècles). — Vienne, 1875, gr. in-8°, 1ʳᵉ livr. 3 fr. 50

Description analytique du CARTULAIRE DU CHAPITRE DE SAINT-MAURICE DE VIENNE et CHRONIQUE DES ÉVÊQUES DE VALENCE ET DE DIE, etc. — Valence, 1891, gr. in-8°, 2ᵉ livr. 3 fr. 50

Tome III. CARTULAIRES DES HOSPITALIERS ET DES TEMPLIERS EN DAUPHINÉ. — Vienne, 1875, gr. in-8°, 1ʳᵉ livr. . . . . 3 fr. 50

Tome IV. CARTULAIRE DE L'ABBAYE NOTRE-DAME DE LÉONCEL, ordre de Cîteaux, au diocèse de Die, publié d'après les chartes originales. — Montélimar, 1869, gr. in-8°, 1ʳᵉ livr. 7 fr. »

Tome V. CARTULAIRE MUNICIPAL DE LA VILLE DE MONTÉLIMAR [*Monuments inédits de l'histoire du Tiers-État*]. — Montélimar, 1871, gr. in-8°, 1ʳᵉ livr. . . . . 9 fr. »

Tome VI. CARTULAIRE DU PRIEURÉ DE SAINT-PIERRE DU BOURG-LÈS-VALENCE, ordre de Saint-Augustin ; DIPLOMATIQUE, soit *Recueil de Chartes pour servir à l'histoire des pays compris autrefois dans le royaume de Bourgogne*, tirées de différentes archives, par Pierre DE RIVAZ (542-1276), analyse avec notes et appendice de pièces inédites. — Valence et Vienne, 1875, gr. in-8° . . . . 7 fr. 50

Tome VII. CHOIX DE DOCUMENTS HISTORIQUES INÉDITS SUR LE DAUPHINÉ, publiés d'après les originaux conservés à la bibliothèque de Grenoble et aux archives de l'Isère. — Montbéliard, 1874, gr. in-8° . . . . 9 fr. »

Tome VIII. CARTULAIRE DE L'ABBAYE DE SAINT-CHAFFRE DU MONASTIER, ordre de Saint-Benoît, suivi de la *Chronique de Saint-Pierre du Puy* et d'un *Appendice* de chartes. CARTULAIRE DU PRIEURÉ DE PARAY-LE-MONIAL, même ordre, suivi d'un *Appendice* de chartes et de visites de l'ordre de Cluny. — Montbéliard, 1890, gr. in-8° . . . . 12 fr. »

Tome IX. CODEX DIPLOMATICUS ORDINIS SANCTI RUFI, publié d'après les chartes originales. — Valence, 1891, gr. in-8°, 1ʳᵉ livr. . . . . 3 fr. 50

DOCUMENTS HISTORIQUES INÉDITS SUR LE DAUPHINÉ

1ʳᵉ livr. INVENTAIRE DES ARCHIVES DES DAUPHINS À SAINT-ANDRÉ DE GRENOBLE en 1277, publié d'après l'original, avec table alphabétique et pièces inédites. — Nogent-le-Rotrou, 1869, in-8° . . . . 3 fr. »

2ᵉ livr. INVENTAIRE DES ARCHIVES DES DAUPHINS DE VIENNOIS À SAINT-ANDRÉ DE GRENOBLE EN 1346, publié d'après les registres originaux avec tables chronologique et alphabétique. — Nogent-le-Rotrou, 1871, fort in-8° . . . . 10 fr. »

3ᵉ livr. NOTICE ANALYTIQUE SUR LE CARTULAIRE D'AIMON DE CHISSÉ, aux archives de l'évêché de Grenoble, avec notes, table et pièces inédites. — Colmar, 1869, in-8° . . . 3 fr. 50

4ᵉ livr. VISITES PASTORALES ET ORDINATIONS DES ÉVÊQUES DE GRENOBLE, de la maison de Chissé (XIVᵉ-XVᵉ siècles), publiées d'après les registres originaux. — Montbéliard, 1874, in-8° . . . . 5 fr. »

5ᵉ livr. NÉCROLOGE ET CARTULAIRE DES DOMINICAINS DE GRENOBLE, publiés d'après les originaux, avec plan et table alphabétique. — Romans, 1870, in-8° . . . . 3 fr. 50

6ᵉ livr. ORDONNANCES DES ROIS DE FRANCE ET AUTRES PRINCES SOUVERAINS RELATIVES AU DAUPHINÉ (1155-1689), précédées d'un *Catalogue* des registres de l'ancienne chambre des comptes de cette province. — Colmar, 1871, in-8° . . . . 5 fr. »

7ᵉ livr. CARTULAIRE DE L'ABBAYE N. D. DE BONNEVAUX, au diocèse de Vienne, ordre de Cîteaux, publié d'après le manuscrit des Archives nationales. — Grenoble, 1889, in-8° . . . 5 fr. »

10ᵉ livr. CORRESPONDANCE POLITIQUE ET LITTÉRAIRE DU MARQUIS DE VALBONNAIS, président de la chambre des comptes et historien du Dauphiné. — Grenoble, 1872, in-8° . . . 3 fr. »

www.ingramcontent.com/pod-product-compliance
Lightning Source LLC
Chambersburg PA
CBHW051732090426
42738CB00010B/2226